TRINITY

REGENA THOMASHAUER

Mama Genas Schule der weiblichen Künste

Aus dem amerikanischen Englisch
von Theda Krohm-Linke

TRINITY

Die englischsprachige Originalausgabe ist 2003 unter dem Titel *Mama Gena's School of Womanly Arts – Using the Power of Pleasure to Have Your Way with the World* bei Simon & Schuster Paperbacks, New York, erschienen.

© 2002 by Regena Thomashauer
© der deutschen Ausgabe: 2015 Trinity Verlag in der
Scorpio Verlag GmbH & Co. KG, München
Umschlaggestaltung: Guter Punkt GmbH & Co. KG, München
Umschlagmotiv: istock/thinkstock
Übersetzung: Theda Krohm-Linke, Erftstadt
Satz: BuchHaus Robert Gigler, München
Druck und Bindung: Pustet, Regensburg
ISBN 978-3-95550-156-3

www.trinity-verlag.de

Dieses Buch ist meinem Mann Bruce gewidmet, dessen Liebe zu mir all das – und mich – erst möglich gemacht hat. Er hat mir dadurch ein großartiges Abenteuer beschert, für das ich zutiefst dankbar bin. Bruce liebt jede Faser meines Seins und treibt mich an, mehr zu erreichen, als ich mir je erträumt hätte. Er freut sich über meine Leidenschaft, meine Zügellosigkeit, meine unstillbare Abenteuerlust und bestärkt sie immer wieder aufs Neue. Und dafür verlangt er nichts als das Privileg, mich lieben zu dürfen. Ich liege ihm für immer zu Füßen.

Anmerkung der Autorin

Die Geschichten der Menschen, die in diesem Buch erzählt werden, reflektieren Gefühle oder Situationen, die viele von uns aus dem eigenen Leben kennen. Im Kern sind diese Geschichten real, viele von ihnen sind jedoch zusammengesetzt, und in den meisten Fällen wurden Namen von Personen und andere Charakteristika geändert.

Inhalt

Dank

Ich danke meiner Tochter Mary, weil ich durch sie Mutter geworden bin. Ich danke ihr, weil sie mir bewusst macht, was mich mit meinen Vorfahrinnen, den Frauen von heute und den Frauen, die noch kommen werden, verbindet. Ich danke ihr für ihre Liebe und für die Freude, sie zu lieben.

Mein Dank gilt meinem Dad, der immer gesagt hat, ich solle schreiben. Danke. Du hast recht gehabt.

Danke an meine Mom, für ihre Schönheit, ihr Strahlen, ihre flirtende Leichtigkeit, ihre Vision und ihre tiefe, tiefe Liebe.

Steve und Vera Bodansky haben mit ihrer Liebe schlummernde Aspekte meiner Seele geweckt. Danke dafür, dass ihr mir die Türen zu meiner Leidenschaft geöffnet habt. Ihr inspiriert mich jeden Tag.

Danke an J.B. und Laura, die großartigsten, zuverlässigsten Freunde, die mir so viel über die Liebe und den Spaß, den eine Frau und ein Mann in einer Beziehung haben können, beigebracht haben.

Danke an Jen Gates, meine Agentin, weil sie mich sofort, von Anfang an, »angenommen« hat und dafür sorgte, dass alle anderen es auch taten. Es ist einfach wunderbar, eine Agentin zu haben.

Danke an Amanda Murray, meine heiße, sexy Lektorin, für die traumhafte Zusammenarbeit und meine Liebesaffäre mit deinem Verstand. Ich schätze deine Bereitschaft, meine Welt zu betreten, um dieses Buch zu etwas Großartigem zu machen.

Danke, Patrick und Walter Fleming, Brian Bradley und Josh Patner für die Kleider – die prachtvollen, magischen Kleider.

Amelia Sheldon, ich danke dir für deine großartige Unterstützung.

Und ich danke allen meinen göttlichen Schwestern, jetzt und für immer.

Einleitung

Keine Angst, Mama Gena ist da! Dieses Buch ist dein Wegweiser zu Herz und Seele, dem funkelnden Kern im Wesen einer jeden Frau. Um es schreiben zu können, habe ich zwölf Jahre lang recherchiert, was wir Frauen wollen und was uns glücklich macht. Es ist ein Ratgeber für ein komplett erfülltes Leben.

Klingt gut, oder?

Der Schlüssel zu diesem wundervollen Leben ist das, was wir die »weiblichen Künste« nennen – Fähigkeiten und Verhaltensweisen, die du bereits kennst, aber vielleicht vergessen hast. Leidenschaftlich und enthusiastisch betrieben, kann jede Frau mithilfe dieser Künste fabelhaft sein. Sie geben ihr die Macht, ein Leben voller Lust, Fülle und Freude zu führen.

Ich möchte, dass du einmal darüber nachdenkst, welches Leben du führen würdest, wenn du es dir aussuchen könntest. Stell dir dein eigenes Fantasieland vor. Lass der Vision von deinem Leben freien Lauf, unabhängig von all den Plänen, die andere für dich gemacht haben. Siehst du ein Leben, in dem es Intimität, Familie, Verantwortung, Kreativität, tollen Sex, flexible Zeiteinteilung und eine Vielfalt an Gefühlen gibt? Oder ein Leben voller Aktivitäten mit Freunden, Familie und Kindern? Möchtest du Zeit mit ehrenamtlichen Tätigkeiten verbringen oder lieber viel Geld in einem anspruchsvollen Beruf verdienen? Willst du ein großes Gemälde schaffen oder einen Bestseller schreiben? Siehst du dich auf dem Land, am Strand oder in den Bergen, in einer Kleinstadt oder in einer Stadtwohnung? Siehst du ein Leben mit einer einzigen großen Liebe oder mit vielen interessanten, aufregenden Partnern?

Vielleicht pickst du dir ja auch einfach von allem ein bisschen heraus. Wie auch immer deine Vision aussehen mag – wie unwahrscheinlich, unorthodox oder »inakzeptabel« –, steh zu ihr! Deine Gefühle haben oberste Priorität, deine Wünsche sind wichtiger als Deadlines oder Aufträge.

Ein lustvolles Leben ist keine Notwendigkeit. Keine Verpflichtung. Man hat uns beigebracht, hart zu arbeiten, fleißig zu lernen und genügsam zu sein. Aber wer bringt uns etwas über Spaß bei? Wer bringt uns bei zu lachen, wenn uns danach ist, uns darauf zu konzentrieren, wie gut sich die Sonne auf unserer Haut anfühlt, das aufgeregte Vergnügen zu schätzen, wenn man die Schule schwänzt, oder unser Glück mit beiden Händen zu ergreifen? Die meisten von uns haben fast vergessen, dass es ein Leben voller Lust und Freude gibt. Als Frauen haben wir jedoch von Geburt an ein Recht auf Lust. Das ist das große Geheimnis, das ich hier mit dir teilen möchte.

Deine Träume, deine Wünsche sind nicht zu groß für dich. Sie haben gerade die richtige Größe. Und sie sind schnell und leicht zu erreichen, wenn du mir durch die Tür des Vergnügens folgst. Diese Tür war schon immer da – Mama erinnert dich nur daran, wo der Schlüssel ist, und gibt dir einen kleinen Schubs in Richtung Glück und Erfolg. Wie das aussieht, das bestimmst du selbst. Ich sage dir nur, dass jede Frau kreativ, sexy und glücklich sein kann, dass für jede Frau eine großartige Beziehung mit einem Lebenspartner möglich ist. Glamour und Schönheit sind in Reichweite. Und Ekstase, Vergnügen und Spaß können in deinem Leben eine große Rolle spielen.

Während meiner Arbeit als Moderatorin und meinen Recherchen zum Thema Beziehungen habe ich entdeckt, dass die Lust einer Frau einen elektrisierenden Effekt auf sie selbst und andere haben kann. Wenn eine Frau erst einmal beginnt, darüber nachzudenken, was ihr Vergnügen bereitet, dann empfindet sie dabei bereits Freude. Und wenn diese Frau ihre köstlichen Gedanken mit jemand anderen teilen kann, wird diese glückliche Person ebenfalls angesteckt. Ich weiß, ich weiß, das klingt so einfach. Das Problem ist nur, dass niemand daran gewöhnt ist, sich mit der Macht des Vergnügens zu befassen.

So viele Menschen untersuchen die Probleme von Frauen und erklären, warum sie unglücklich sind. Therapeuten, Diät-Zentren, Kreditkartengesellschaften – alle halten sie uns in ihren Klauen, doch irgendwie werden wir dadurch auch nicht wirklich glücklicher. Ich habe so viel Zeit damit zugebracht, das Unglück von Frauen (mein eigenes eingeschlossen) zu studieren, und nichts davon hat Spaß gemacht. Schließlich beschloss ich, mich stattdessen mit dem Vergnügen von Frauen zu beschäftigen. Auf diese Idee war vor mir noch niemand gekommen, ehrlich. Es war ein weites, leeres Feld, ohne jede Konkurrenz. Die wenigsten Leute scheinen Zeit oder Interesse daran zu haben, Vergnügen zu erforschen – wie man dazu kommt und was es einem bringt. Dabei habe ich Erstaunliches herausgefunden, mehr als ich mir je hätte träumen lassen. Ich habe zum Beispiel erfahren, dass die Lust, zu der Frauen fähig sind – diese Energie –, die größte natürliche Ressource auf unserem Planeten ist. Wenn eine Frau glücklich und befriedigt ist, haben alle um sie herum etwas davon. Eine befriedigte Frau kann die Quelle für Freude und Wohlstand einer ganzen Gemeinschaft sein.

Diese Entdeckung führte mich zum Studium der »weiblichen Künste«, wie ich sie bezeichne – die Fähigkeiten, die uns ermöglichen, jeden einzelnen Tag Freude, Zufriedenheit, Energie und Spaß zu haben. Hier eine kurze Zusammenfassung:

☀ Die erste und wichtigste aller weiblichen Künste ist die Fähigkeit, seine eigenen Wünsche zu identifizieren. Mama Gena hilft dir dabei zu erkennen, was du wirklich willst, und sie zeigt dir, wie du *deine eigenen Begierden erkennst.* Manche Frauen (vielleicht sogar die meisten) wissen gar nicht, was sie wollen. Daher werden wir deine Wünsche wie zarte Vögelchen hätscheln und pflegen, so lange, bis ihr Zwitschern laut und deutlich an dein Ohr dringt.

☀ Die zweite weibliche Kunst ist die Kunst, *Spaß zu haben,* ganz egal, wo du gerade bist. Du solltest immer eine gute Zeit haben, ob du nun in der Reinigung bist, an deinem Schreibtisch sitzt, deiner Schwiegermutter zuhörst oder gerade deine Steuererklärung machst.

☀ Die dritte weibliche Kunst, über die ich sprechen werde, ist die Kunst *sinnlicher Lust.* Das Streben nach Lust ist ein weiblicher Instinkt, und du kannst jeden prachtvollen Zentimeter deines Körpers einsetzen, um Erfüllung zu finden. Frauen haben eine größere Affinität zur Lust – ja sogar ein angeborenes Verständnis von Lust –, einfach weil sie Frauen sind. Schließlich besitzen sie ein Organ, dessen einzige Funktion das Empfinden von Lust ist. Du wirst mehr über dieses Instrument und seine Potenziale lernen.

☀ *Flirten* ist eine weitere weibliche Kunst. Mit dieser fantastischen Fähigkeit kannst du deinem Leben Würze verleihen. Wenn eine Frau die Kunst des Flirtens beherrscht, fühlt sie sich auf köstliche Weise mächtig.

☀ Wenn du dich so gut fühlst, dass du flirtest, fühlst du dich auch gut genug, um die weibliche Kunst, *deine Schönheit einzusetzen,* zu praktizieren. Mama inspiriert dich, an jedem Tag, in jeder Minute, zu dem Schluss zu kommen, dass du das heißeste, attraktivste Geschöpf bist, das jemals auf diesem Planeten gelebt hat. Warum auch nicht? Es ist ja schließlich so.

15

☀ Ich will dich auch ermutigen, dich mit *deinem inneren Biest* anzufreunden. Mit ihm zu leben ist eine Kunst. Und falls du in die Schlacht ziehen musst, ist es gut, dieses Biest an deiner Seite zu haben! Mama zeigt dir, wie.

☀ *Männer zu halten und zu handhaben* ist eine weitere weibliche Kunst. Das wusstest du bereits. Wir werden erforschen, wie die Lust einer Frau (und zwar deine) euch beiden helfen kann, ein glückliches Leben zu führen.

☀ Und als letzte weibliche Kunst lernen wir schließlich die Kunst, *Fülle einzuladen.* Frauen besitzen verblüffende Anziehungskräfte. Du lernst, alles heraufzubeschwören, was du haben möchtest – einen neuen Mantel, einen Parkplatz, einen neuen Job für deine beste Freundin und vieles mehr.

In diesem Buch benennt Mama Gena alle Fähigkeiten, Gelegenheiten und Wege, die eine Frau nutzen kann, um völlig erfüllt zu sein. Dabei werden wir deine tiefsten Intuitionen, deine großen und kleinen Wünsche und deine Lust – wie sie mit allen fünf Sinnen erfahren wird – erforschen. Ich zeige dir die Macht, die du bekommst, wenn du deine Widersprüche annimmst, wenn du Eleganz und Schlampigkeit nebeneinander existieren lässt, wenn du geschmacklos und geschmackvoll, übertrieben und unauffällig gleichzeitig in ein und demselben Ballkleid vereinst. Wir setzen Schüchternheit an die richtige Stelle neben Selbstvergessenheit. Wir laden alberne Fröhlichkeit auf die vornehmsten Dinnerpartys ein. Du wirst sehen, dass unersättliche Begierde und Jungfräulichkeit nicht unvereinbar sind. Wir betonen die Bedeutung von Lust und verabscheuen Repression. Und wir zeigen dir, dass der Duft von frisch verschwitzter Haut göttlich wertvoller ist als Chanel No. 5.

Du wirst bald lernen, dass alles, was Spaß macht, Dutzenden von Verpflichtungen vorzuziehen ist. Und ein Schuss Befriedigung ist in meinem Buch immer nur der nächstbeste Schritt zu mehr. Dir wird klar werden, dass immer Zeit ist für Leidenschaft, in jeder Form. Und für Dankbarkeit. Eimerweise Dankbarkeit steht auf der Tageskarte.

Um die weiblichen Künste zu leben, musst du einfach mit einem positiven Standpunkt beginnen. Verlasse dich auf die Tatsache, dass immerzu Gutes oder sogar noch etwas Besseres zu dir kommen wird. Deine manikürte Hand hat die Kontrolle über deinen persönlichen Ekstase-Regler. Was auch immer dir begegnet, du kannst und wirst es nutzen, um dich glücklich zu machen. Überall bist du im Vorteil. Du wirst sehen, dass all deine Wünsche nicht nur erfüllt, sondern sogar übertroffen werden, garniert mit Zuckerguss obenauf. Die meisten Frauen hängen der Vergangenheit nach, anstatt auf das zu achten, was sie sich im Hier und Jetzt wünschen. Du wirst schon bald erkennen, dass Ekstase erreichbar ist, indem du in Richtung deiner Wünsche gehst, trotz aller Hindernisse. Es überrascht dich vielleicht, aber echter Egoismus kann der Weg zu wahrer Großzügigkeit sein.

Zweifel, Vorurteile und Missbilligung umschiffen wir. Wir lassen die Vergangenheit ruhen und genießen dafür die Gegenwart umso mehr, indem wir uns auf Rituale, Übungen und neue Perspektiven fokussieren, durch die deine Träume und Wünsche *genau jetzt* Realität werden. Du wirst eine zufriedene Frau. Eine zufriedene Frau kann eine tolle Zeit haben, wenn sie das Geschirr spült, einen Reifen wechselt oder im Bett liebkost wird. Da sie mit der Freude intim ist, kann sie sie überall hervorholen. Umstände wie Geld, Bildung, sozialer Hintergrund oder Herkunft schränken sie nicht ein. Sie muss nicht den »Richtigen« finden, um abends toll auszugehen – sie kann aus jedem Mann das Beste herausholen. Um sich schön zu fühlen, braucht sie nicht die neueste Mode – sie weiß, dass ihr Strahlen von innen kommt, ganz egal, was sie trägt.

Eine zufriedene Frau ist eine Frau, die ständig die Fülle und das Privileg des Lebens erfährt, weil sie weiß, dass nur durch die Kraft der Natur alles möglich ist. Und in diesem Bewusstsein zu leben ist wundervoll. Wenn du dazu bereit bist, wenn du bereit bist für ungezügelte Freude und überfließende Leidenschaft trotz aller Herausforderungen des Lebens, dann ließ weiter und beginne mit dem Kurs – dem Kurs der unerhörten, prallen Fülle, dem Kurs, den ich »Mama Genas Schule der weiblichen Künste« nenne.

LEKTION 1

Ein Plädoyer
für das Vergnügen

Mir war nach Spielen zumute. Die meisten meiner Gedan-ken, meine Zeit und meine Energie hatte ich in kreatives Bemühen gesteckt. Und diese Einschränkung des Liebes-triebs, das werden dir alle Seelenklempner sagen, ist der größte Antrieb, den du wirklich hast. Wenn du den Sexualtrieb in kreative Arbeit sublimierst, dann läufst du mental auf Hochtouren. Das kann ich nur unterschreiben. Aber es ist gegen meine Natur, die biologischen Pläne der Lust zu lange unter Verschluss zu halten. Ich hoffe, das klingt jetzt nicht so, als hätte ich das Geheimmittel zur Ruhig-stellung des Universums entdeckt, aber ich möchte doch wenigstens meine kleine Fußnote dazugeben.

MAE WEST

Beispiel A – Stell dir Folgendes vor:

Du bist auf einer langen Fahrt, im Auto, ganz alleine. Du hast Hunger, bist schlecht gelaunt, willst aber möglichst schnell an deinem Ziel ankommen und hältst deshalb an keiner Raststätte an. Du fährst einfach immer weiter und ignorierst dein Unbehagen.

Beispiel B – Und jetzt stell dir das vor:

Du bist auf einer langen Fahrt im Auto mit ein paar Freundinnen. Jede von euch hat einen Korb voller köstlicher Leckereien dabei, und im Moment werden gerade Gemüsesticks mit Guacamole herumgereicht. Aus dem Radio ertönt Aretha Franklin, und einige von euch singen laut mit. Ihr habt stapelweise CDs, Hörbücher und *Die Geschichte der O* dabei. Ihr habt zwar ein Ziel, aber ihr stoppt trotzdem an allen interessanten Punkten, die auf der Strecke liegen – an Einkaufszentren und Orten, die so seltsame Namen haben wie »Das einzige Anchovis-Museum der Welt«.

Bei welcher Fahrt wärst du lieber dabei, A oder B?

B? Gute Wahl. Weißt du, warum?

B kommt zuerst an. Wieso?

Da A schon vor über 150 Kilometern ihre Gefühle ignoriert hat, ist ihr nicht aufgefallen, dass das Motorlämpchen auf dem Armaturenbrett angefangen hat zu leuchten. Jetzt ist das Auto zu heiß geworden, und sie sitzt am Straßenrand, flucht und wartet auf den Abschleppdienst.

Diese Beispiele illustrieren zwei Optionen: *ein Leben ohne Spaß* und *ein Leben mit Spaß*.

In dieser Lektion bereisen wir zusammen die Welt des Vergnügens. Wir werden alle Bestandteile eines vergnüglichen Lebens untersuchen. Warum? Vergnügen macht dich klar im Kopf, es erfrischt und verjüngt, mit Vergnügen bist du der Zeit voraus. Vergnügen schickt dich auf wundervolle Reisen und lässt dich immer frühzeitig an deinem Ziel ankommen. Wenn du das Vergnügen hingegen nicht an erste Stelle setzt, landest du irgendwann an Orten, wo du nie hinwolltest. So viele Menschen sind darauf programmiert, im oben genannten Szenario Variante A zu wählen, und leiden deshalb an einer Krankheit, die man *Anhedonie* nennt (wörtlich »ohne Lust«). In einem führenden amerikanischen Fachbuch über psychische Erkrankungen wird sie beschrieben als »Verlust von Interesse oder Freude an allen oder fast allen üblichen Aktivitäten oder Zeitvertreiben«. Betroffene geben das Vergnügen auf. Zeit für Freude zu haben erscheint vielen unangebracht luxuriös oder sogar leicht illegal.

Wir sind gesellschaftlich so konditioniert, dass wir den Schmerz anbeten. Schmerz ist überall: der ans Kreuz genagelte Jesus, die Sünde, das puritanische Arbeitsethos. Wer macht heutzutage noch eine Stunde Mittagspause? (Bei uns war das früher so üblich.) Wer kommt heutzutage schon um 17 Uhr von der Arbeit nach Hause? (Das ist ja nur ein halber Tag!) Selbst die Lateinamerikaner geben mittlerweile das jahrhundertealte Ritual der Siesta auf. Früher haben wir noch darüber gelacht, wie hart die Japaner arbeiten – mittlerweile haben wir sie überholt.

Das Vergnügen gibt es natürlich immer noch. Es hat nur keine Priorität mehr. Es zu genießen ist eine verlorene Kunst. Du musst dir nur ein Kind anschauen, um zu erkennen, wie direkt eigentlich unser Zugang zur Freude ist. Vergnügen ist wichtiger als Essen. Vergnügen bestimmt den Tag eines Kindes. Vergnügen ist nicht frivol. Es leitet, unterweist, entfaltet Kreativität, erzieht. Lernen durch Vergnügen, durch Spaß prägt sich wesentlich besser ein als Auswendiglernen oder das Lernen unter Druck.

Die Idee zu Mama Genas Schule der weiblichen Künste kam mir, als ich sah, wie Jacqueline Bisset in dem Film *Die Kurtisane von Venedig* zu ihrer Tochter sagte: »Um Lust zu schenken, musst du Lust kennen.« Es war eine sehr schöne Szene, die im Venedig des 16. Jahrhunderts spielte. Ich war fasziniert von der Vorstellung einer schönen, sinnlichen Mutter, die die Geheimnisse der Lust und Sinnlichkeit mit ihrer Tochter teilt. Wäre mir das passiert, hätte ich mir nach der Pubertät viele Jahre der Verwirrung und der falschen Informationen ersparen können. Stell dir doch nur einmal vor, deine Mutter würde dir beibringen, wie du die Berührungen, den Geschmack des ersten Kusses genießen kannst! Oder dass das Schälen einer Orange oder das Essen einer Spargelstange eine Methode der Verführung sein kann. Oder wie du deine Augen, die Fenster zu deiner Seele, zum Flirten einsetzen kannst. Stell dir vor, deine Mama steht im Hintergrund deiner sinnlichen Entfaltung. Wie köstlich und wie herrlich ungewöhnlich.

Ich hatte meine Berufung gefunden: Ich wollte die Königin der Lust werden. Mein Entschluss beruhte aber noch auf einer weiteren Tatsache. Ich war vor Kurzem selbst Mutter geworden. Mein Mann Bruce und ich hatten gemeinsam über sieben Jahre lang Kurse in Sinnlichkeit, Kommunikation und Beziehungen gegeben, und in der letzten Zeit war bei mir das Gefühl immer stärker geworden, dass es etwas gab, was ich nur an Frauen weitergeben wollte. Ich hatte als Hobby die alten Göttinnen-Religionen studiert, und mir war klar geworden, dass der rote Faden, der sich durch all meine Erfahrungen und Forschungen zog, die göttliche Bedeutung der Lust war. Weiblicher Lust. Und kurz darauf waren Mama Gena und ihre Schule der weiblichen Künste geboren.

Vor fünftausend Jahren und viele Jahrhunderte davor verehrte die Menschheit eine weibliche Gottheit. Gott war eine Göttin. Dem Wenigen nach zu urteilen, was wir über diese gute alte Zeit wissen, waren die religiosen Praktiken damals vollkommen anders als heutzutage. Die Menschen tanzten, feierten die Jahreszeiten, und Sinnlichkeit, Danksagung, Anbetung sowie ekstatische Emotionen waren an der Tagesordnung. Es war also kein bisschen so, wie sich Gottesverehrung heute abspielt. Bei uns dreht sich alles nur um Männer – hier ein Rabbi, da der Papst, überall Mönche. In der guten alten Zeit saß niemand still und reuevoll in der Ecke, niemand fühlte sich schuldig für seine angeborenen oder selbst verursachten Sünden. Die Vorstellung eines Dankbarkeits-Festivals zu Ehren des Geschenks des Lebens inspirierte mich. Und deshalb wurde die Göttin so ein mächtiges Motiv in Mama Genas Schule der weiblichen Künste. Ich nenne die Teilnehmerinnen an meinen Kursen »meine göttlichen Schwestern«, um uns daran zu erinnern, dass alle Frauen auf diesem Planeten Schwestern sind und wir alle von jenen Menschen abstammen, die einst Göttinnen verehrten. Ja, eigentlich sind wir sogar alle selbst Göttinnen. Das ist allerdings nur Mamas Meinung. Aber denk einmal darüber nach: Wenn du eine Frau wie eine Göttin behandelst, dann wird sie auch tatsächlich zu einer. Dieser Tipp kann Männern in der Welt der Frauen sehr nützlich sein. Bete sie an, und sie gibt dir das Beste, was sie hat.

Als göttliche Schwester habe ich Spaß und Vergnügen zum Leitprinzip in meinem Leben gemacht, beruflich wie privat. Wenn sich etwas nicht gut anfühlt, tue ich es nicht. Fühlt es sich gut an, tue ich es. Und weil sich keine Handlung gut anfühlen würde, wenn sie jemand anderen verletzt oder beeinträchtigt, ist Vergnügen im höchsten Sinne moralisch.

Du musst dich nur dafür entscheiden, dich gut zu fühlen. Lust ist eine Wahl, so wie es eine Wahl ist, Hass zu empfinden oder unglücklich zu sein. Lust liegt nicht zwangsläufig in Ergebnissen, zum Beispiel einer Beförderung, dem richtigen Job oder einer Gehaltserhöhung, bei der du endlich das Gleiche verdienst wie der Typ im Großraumbüro neben dir. Lust entsteht, wenn du die Arbeit, zu der du bestimmt bist, liebst – oder die

Freiheit hast, so lange herumzuexperimentieren, bis du sie gefunden hast. Lust entsteht, wenn das Geld auf deiner Prioritätenliste an zweiter Stelle steht, nach deiner Zufriedenheit, die dir immer das Wichtigste sein sollte. Bei Lust geht es nicht darum, ob du heiraten wirst oder Single bleibst. Sie ist da, wenn du den Mut hast, zur sinnlich freien Frau inmitten der Gesellschaft zu werden. Für die eine Frau mag das bedeuten, möglichst viele Liebhaber zu finden, für die andere bedeutet es vielleicht Monogamie. Und für eine dritte könnte es bedeuten, ledig zu bleiben. Das bestimmt ihr ganz alleine, meine Lieben. Lust bedeutet, dass du dir zugestehst, deine Begierden frei und ohne jedes Schuldgefühl zu erforschen.

Lust ist im Hier und Jetzt. Sie ist dort, wo du dich dafür entscheidest. Im Film *Die tolle Tante* sagte Tante Mame: »Das Leben ist ein Bankett, und die dümmsten Idioten verhungern.« Sei kein dummer Idiot. Setz dich an die Festtafel. Dein Platz steht bereit.

Ich plädiere für die lebenslange Erforschung von Lust und Vergnügen. Diese Aufgabe erfordert all deine fünf Sinne. Für die meisten Menschen stellt das jedoch eine neue Grenze dar. Wir sind darauf trainiert, uns von der Lust abzuwenden, sie zu ignorieren, sie aufzugeben. Wenn du sie zu entdecken beginnst, fühlst du dich zunächst ein wenig ungezogen – wie früher in der Schulzeit, als du dich abends heimlich aus dem Haus geschlichen hast. Ganz nach dem Motto: »Das fühlt sich zwar echt gut an, ist aber bestimmt falsch und hat vielleicht Konsequenzen.« Für gewöhnlich brauchen wir einen Vorwand, um uns selbst gut zu behandeln – einen Geburtstag zum Beispiel. Stell dir vor, du würdest dir jeden Tag so viel Aufmerksamkeit schenken wie an deinem Geburtstag. Du ziehst dein Lieblingskleid an, gönnst dir ein ausgiebiges Schaumbad, isst genau das, was du möchtest, gehst spazieren, machst einen Einkaufsbummel oder triffst dich mit ein paar Freundinnen. Was wäre, wenn wir ein Leben schaffen würden, in dem das nicht die Ausnahme, sondern die Regel ist – in dem es jeden Tag nur um unsere Lust, unsere Leidenschaft, unsere Erfüllung geht?

Klingt egoistisch, nicht wahr? *Nein,* tut es nicht. Denn wahre Großzügigkeit erreichst du nur, wenn du etwas von deinem Überfluss abgibst. Mit anderen Worten: Wenn du selbst nichts hast, kannst du auch anderen nichts geben. Manche Menschen empfinden es als Überfluss, wenn sie einen Dollar in der Tasche haben. Andere fühlen sich arm, obwohl sie Millionen besitzen. Bei unserer Erforschung der weiblichen Künste geht es darum, welche Erfahrungen und Umstände zu einem wirklich erfüllten Leben führen.

Du wirst feststellen, dass ein lustvolles Leben ständige Wachsamkeit erfordert. Steh zu deinen Wünschen, hör auf deine Instinkte. Das kann bedeuten, dass du dich nur dann berühren lässt, wenn du berührt werden willst, und dass du nur dann jemand anderen berührst, wenn du ihn berühren möchtest. Oder dass du nicht mehr in die Falle tappst, anderen einen Gefallen tun zu wollen, nur um dafür Dank einzuheimsen. Wenn du lustvoll leben willst, musst du nach innen blicken, um zu erspüren, was sich gut anfühlen würde, und du musst all die Dinge tun, die zu deinem Wohlbefinden beitragen können. Manchmal entsteht Lust, wenn du das Angebot einer anderen Person ablehnst. Und manchmal erwächst sie aus der Freude darüber, den erfüllten Ausdruck auf dem Gesicht deines Gegenübers zu sehen.

Wenn eine Frau wirklich beginnt, auf ihre Wünsche zu achten, dann beginnt auch die wirkliche Lust! Es macht so viel Spaß, etwas zu wollen. Es macht Spaß, sich auf die Erfüllung dieses Wunsches zuzubewegen. Und es macht sogar Spaß, seine Meinung auf halbem Weg zu ändern. Wunderbar ist auch, wenn sich andere bei der Verfolgung deiner Wünsche anschließen. Es macht Freude, eine Frau zu sein, die ihre Wünsche genießt. Lust hält die Welt in Bewegung. Und wenn eine Frau sich gut fühlt mit dem, was sie will, wenn sie selbstbewusst daran glaubt, dass alles, was sie sich wünscht, erfüllt werden kann und wird, dann geht es uns allen gut.

Gutes kommt zu denen, die sich gut fühlen. Und jede Frau, die ihre Wünsche verfolgt, inspiriert uns, unsere Wünsche ebenfalls zu verfolgen. Das ist Mamas Ziel für die Schule der weiblichen Künste – dass Frauen sich gegenseitig inspirieren, das beste Leben anzustreben, indem sie ihrer Lust folgen, anstatt nach dem Motto »Ohne Fleiß kein Preis« zu leben. Meine Rolle ist es, meine göttlichen Schwestern dabei zu unterstützen. Wir alle wünschen uns neue Möglichkeiten und Wege, um unsere Träume zu realisieren. Wenn wir mit Freude dabei sind und die Göttinnen im Rücken haben, können wir uns ein Leben erschaffen, das auf allen Ebenen bereichernd und erfüllend ist.

Wirkliche Unabhängigkeit, Selbstkenntnis, Mut und Entschlossenheit sind nötig, um unser tiefes, wahres Sehnen zu erreichen, da wir die Einzigen sind, die es identifizieren können. Außerdem ist, abgesehen von uns selbst, niemand wirklich daran interessiert, dass es sich entfaltet. Es ist eine Solo-Reise, meine Schönen! Aber jetzt ist Mama hier, um euch auf diesem Weg zur Lust zu begleiten; und in dieser Kultur, wo Lust und Freude nicht gerade oben auf der Prioritätenliste stehen, brauchen wir schließlich jede helfende Hand.

Im Folgenden mache ich euch mit einigen Leitprinzipien von Mama Genas Schule für weibliche Künste bekannt. Mögen sie euch in das Land eurer Wünsche, Hoffnungen und Träume führen. Wir werden sie als Grundlage für alle kommenden Lektionen nutzen. Macht euch Notizen, meine Lieben, und seid bereit für mehr Spaß und Freiheit, als ihr je für möglich gehalten habt.

Beschließe, dass dort, wo du bist, der richtige Ort ist

Ich will ein kleines Geheimnis mit dir teilen: Deine Freude beginnt damit, dass du dort, *wo du bist,* Freude findest. Das ist ein wichtiger, essenzieller Schritt. Vielen von uns fällt es schwer, sich so zu akzeptieren, wie wir sind, aber genau das haben die Anbeterinnen der Göttinnen jahrhundertelang praktiziert. Erst seit den letzten fünftausend Jahren, diesem Wimpernschlag in der Menschheitsgeschichte, haben wir etwas an unseren Körpern, an unserem eigentlichen Selbst, auszusetzen.

Abertausende von Menschen sind jedoch bereit, ihre Selbstzweifel und Vorurteile, ihren Selbsthass abzulegen und eine göttliche Schwester zu werden. Ein wichtiger Schritt, um eine echte göttliche Schwester zu werden, ist es, immer dort zu feiern, wo du gerade bist.

Auch ich musste erst einen Startpunkt auf dem Weg zur Göttin finden. Ich musste die Perfektion dort finden, wo ich war – an der Stelle, die ich selbst seit Jahren für falsch hielt. Du bist hingegen schon einen monumentalen Schritt weiter, wenn du erkennst, dass der Weg zur Lust nicht mit einer Kopfnuss von Mama Gena beginnt, sondern mit einer Entscheidung – einer simplen Entscheidung, die jeder von uns treffen kann: Wir müssen nur anerkennen, dass das, was wir jetzt haben, gut ist. Sätze wie »Das Leben wird gut, wenn …« oder »Das Leben wäre gut, wenn nur nicht …« gelten ab sofort nicht mehr, meine Süßen! Das Leben ist *jetzt* gut.

Du hattest den großartigen Einfall, zu diesem Buch zu greifen, nicht wahr? Und ich habe es genau im richtigen Moment geschrieben, genau zur richtigen Zeit, am richtigen Ort, wo sich unsere Wege kreuzen würden. Ich habe es nicht vor hundert Jahren geschrieben, sodass es jetzt schon lange nicht mehr lieferbar wäre, oder in hundert Jahren, sodass du schon tot wärst. Jetzt ist genau der richtige Zeitpunkt. Das Revolutionäre an dem Buch ist, dass ich dich als meine Schwester und als Göttin sehe. Dabei spielt es keine Rolle, ob du deinen Lebensunterhalt als Toilettenfrau verdienst, ob dein Mann dich schlägt, ob du noch nie einen Orgasmus hattest, ob du blind und taub bist oder im Rollstuhl sitzt. Es spielt keine Rolle, ob du Millionen verdienst, ob du dich hasst, zu viel trinkst oder dreihundert Pfund wiegst. Du bist meine Schwester und eine Göttin. Und als Göttin hast du die Macht, die Existenz zu schaffen, die du dir wünschst, ganz egal, wie trostlos dein aktuelles Leben vielleicht sein mag.

Du brauchst sehr viel Inspiration und Mut, um zu akzeptieren, dass das, was du hast, gut ist. Helen, deren Eltern beide Therapeuten waren, machte in ihren Zwanzigern die Eltern dafür verantwortlich, dass sie keinen Erfolg, keine Liebe und kein Glück im Leben hatte. Diese Vorwürfe machten sie aber auch nicht glücklich, sondern nur noch unglücklicher. Sie umgab sich mit anderen unglücklichen Menschen. Als ich sie kennenlernte, hatte sie gerade mit ihrem besten Freund gebrochen, einem Junkie, dem sie Tausende von Dollar gegeben hatte. Sie kam mit all ihrer Traurigkeit zu Mama Gena, und das Erste, was sie von mir hörte, war: »Feiere und genieße dein Leben jetzt. Warte nicht darauf, dass sich die Dinge ändern. Halte jetzt, in diesem Moment, nach Perfektion in deinem Leben Ausschau. Sieh, was es zu sehen gibt. Natürlich sollst du darüber nachdenken, was du willst, aber das kommt schneller, wenn du jetzt liebst.«

Also sah sich die göttliche Schwester Helen um. Keine Freunde, keine Karriere, kein Mann. Auf den ersten Blick sah es ziemlich düster aus. Ihr war gar nicht zum Feiern zumute. Sie hatte keine Übung darin, auf das Gute zu achten. Sie fühlte sich missverstanden und hätte am liebsten geweint. Nein, vielen Dank, sie wolle nicht nach dem Guten Ausschau halten. Sie hing sehr an ihrem Elend, schließlich hatte sie das schon zehn Jahre lang geübt. Aber sie sah natürlich auch, was es ihr brachte, und eigentlich langweilte es sie. Es war Zeit, etwas Neues auszuprobieren, ganz egal, wie beängstigend oder komisch es war. Es musste nur besser sein. Sie wollte nicht immer wieder das Opfer sein. Also schaute sie sich mit einer neuen Perspektive um.

Sie stellte fest, dass sie die AIDS-Epidemie heil überlebt hatte; dass sie dem Schicksal so vieler Leute in ihrem Alter entgangen war, die mitten in hässlichen Scheidungskriegen oder Kämpfen um das Sorgerecht für die Kinder steckten. Niemand beanspruchte ihre Zeit oder ihr Geld. Sie hatte eine eigene Wohnung. Sie konnte kommen und gehen, wann es ihr beliebte. Sie war frei, gesund und unternehmungslustig in der tollsten Stadt der Welt.

Eine Woche später lernte Helen den Mann kennen, der schließlich ihr Ehemann werden würde. Ich glaube, das ist eine natürliche Konsequenz ihrer mutigen Entscheidung, sich selbst und ihr Leben zu lieben. Sie hörte auf, ihren Eltern, sich selbst oder ihren Freunden die Schuld zu geben. Sie hörte auf, ein Opfer zu sein, und zwar nicht nach endlosen Jahren der Therapie, sondern nachdem sie beschlossen hatte, die Vollkommenheit ihrer Lebensumstände wahrzunehmen. Es scheint, als warte die Göttin am Rande unseres Lebens nur darauf, dass wir das Leben schön finden, und sobald wir Tritt gefasst haben, schubst sie uns die Leiter zu unseren Träumen hinauf. Du beginnst dein Leben zu lieben, und sie liefert den Kick.

Liebe dein Fleisch

Immer wenn ich über die Lust in unserem Leben rede, muss ich an eine fabelhafte Szene aus Oprah Winfreys genialem Film *Menschenkind* denken. Vielleicht hast du den Film gesehen oder das Buch von Toni Morrison gelesen. Eine alte Frau, eine Großmutter namens Baby Suggs, lebt mit befreiten Sklavinnen im

Wald. Sie hält die Kinder an zu lachen, ermutigt die Männer zu tanzen und sagt den Frauen, sie sollten weinen. Baby Suggs hilft den Menschen in ihrem Umfeld, alles an sich zu akzeptieren, die ganze Bandbreite ihrer Gefühle und ihres Lebens, die in der Sklaverei unterdrückt worden waren, wiederzuentdecken. Sie hebt die Hand und sagt: »Liebe dein Fleisch!« Toni Morrison weiß, dass Freiheit mit dem Akt der Selbstliebe beginnt, nicht mit dem Gedanken oder der Theorie, sondern mit dem Akt.

In vielerlei Hinsicht leben wir immer noch in einer Kultur, die uns lehrt, unser Fleisch zu hassen und unsere körperliche Existenz abzuwerten. Aber wir können und müssen uns beibringen, unser Fleisch zu lieben. Liebe ist Selbstschutz. Wenn du dein Fleisch liebst, gehst du einen großen, liebevollen Schritt in Richtung Identifikation und Umsetzung deiner Lebensträume und deiner Weltsicht. Du wirst erst frei sein, jemanden zu lieben oder geliebt zu werden, wenn du dich selbst liebst.

Und wie fängst du damit an? Du weißt, dass dein feines Selbst Stellen hat, die du einfach hinreißend findest. Das ist bei jeder von uns so. Statt deine Aufmerksamkeit auf die Teile zu richten, die du nicht so gut findest, solltest du lieber deine guten Seiten feiern. Dann werden es immer mehr.

Genau das tat auch die göttliche Schwester Adrienne, als sie auf der Schule der weiblichen Künste ihren Abschluss machte. Adrienne hatte ihr Leben lang unter dem Jo-Jo-Effekt von Diäten gelitten. Während ihres Unterrichts bei Mama Gena erklärte sie sich bereit, mit den Diäten aufzuhören und sich für die Dauer des Unterrichts einfach in ihrer Haut wohlzufühlen. Am Tag vor der Abschlussprüfung ging sie in ein Wäschegeschäft und kaufte sich sexy Dessous. Am Abend ihrer Graduierung ließ sie sich von ihrer Begeisterung über ihr tolles Aussehen so mitreißen, dass sie allen anderen Göttinnen im Zimmer ihren neuen heißen BH zeigte. Erst in der Woche darauf fiel ihr auf, dass sie fünf Pfund abgenommen hatte. Adrienne hatte ihren Körper gefeiert, was zu dem Gewichtsverlust führte – ganz ohne Diät. Feiere dich selbst und genieße die üppigen und oft unerwarteten Belohnungen, die mit deiner neuen Denkweise einhergehen!

Die göttliche Schwester Sylvia veränderte ihre Beziehung zu ihrem Körper – und damit auch die Beziehung ihres Freundes zu ihrem Körper –, indem sie einfach anders über ihn dachte. Nachdem Sylvia mit Arthur zusammengezogen war, nahm sie ein paar Pfund zu. Das fiel Arthur auf, und er sagte zu ihr, sie habe einen dicken Hintern. Zuerst war Sylvia aufgebracht, aber nach ihrem Kurs der weiblichen Künste legte sie eine neue Haltung an den Tag. Wir ließen sie in den Spiegel schauen, damit sie ihren großartigen, üppigen Po bewundern konnte. Schon am nächsten Tag fragte Arthur sie mitten am Tag, ob er ihren Hintern im weichen Nachmittagslicht fotografieren dürfe. Irgendwie hatte er auf einmal eine ganz neue Einstellung bekommen. Sie war entzückt, dass ihre veränderte Haltung sofort Konsequenzen zeigte.

Denk daran, dass du deinen Geist genauso lieben solltest wie deinen Körper. Ihm zuzustimmen macht uns unabhängig, stark und wundervoll eigensinnig. Bei den meisten von uns ist das Selbstbewusstsein jedoch so gering ausgeprägt, dass uns schon die kleinste Missbilligung von irgendjemandem in einen Abgrund voller Negativität und Selbstzweifel stürzen lässt. Selbstkritik hält uns klein und schwach, und wir geben unsere Macht nur zu gerne an andere ab.

Reiß also lieber deine Türen auf für Anerkennung, Zustimmung und die Feier deiner selbst. Dreh das Radio laut, wenn Aretha Franklin »Natural Woman« oder Helen Reddy »I Am Woman« singen. Wer auch immer deine innere Diva ist, lass dich von ihr daran erinnern, wer du bist. Selbst wenn du heute nur darüber nachgedacht hast, womit du dir etwas Gutes tun könntest, ist das bereits ein wichtiger Schritt. Feiere jeden Gedanken, der dir kommt.

Als Tante Beth, eine meiner Schutzbefohlenen, das erste Mal mit Bruce und mir arbeitete, war es nicht gerade einfach, sie mit der richtigen Denkweise vertraut zu machen. Alle paar Tage versank sie in einem Loch der Selbstmissbilligung. Um ihrer Negativität zu begegnen, schickten wir sie in unseren leeren Kursraum, damit sie dort nackt tanzen und ein paar mitreißende Songs singen konnte. Nach etwa zwanzig Minuten tauchte sie mit funkelnden Augen wieder auf, bereit, sich erneut in die Party zu stürzen. Tu alles, was dir in den Sinn kommt, um deine einzigartige Schönheit zu feiern und deine Freude zu steigern.

Lust ist Liebe. Liebe zuerst, vor allem und immer dich selbst. Das erfordert Disziplin und Arbeit, aber du wirst reich dafür belohnt werden. Wenn du dem wahren Ruf nach Selbstliebe folgst, wirst du ein erfülltes Leben führen. Dein Leben wird so werden, wie du es dir vorstellst. Und das, meine Lieben, ist der erste Schritt, um gesunde, fröhliche Beziehungen zu anderen Menschen zu erschaffen.

Gönne dir deine tägliche Dosis Spaß

Vor nicht allzu langer Zeit war ich deprimiert. Ich hatte zwei Wochen lang nonstop gearbeitet und dabei jede Sekunde genossen. Aber dann kam der Tag, als allein der Gedanke, mich an den Schreibtisch setzen zu müssen und zu arbeiten, meinen Kopf explodieren ließ. Mein Mann Bruce schlug vor, ich solle zur Kosmetikerin gehen und mir eine Gesichtsmaske machen lassen. Ich wollte zwar anfangs nicht, machte mich aber dann doch auf den Weg. Kaum war ich im Salon, ging es mir schon viel besser. Nach der Gesichtsbehandlung fühlte ich mich fantastisch. Ich war erfrischt und bereit für mehr Spaß, mehr Arbeit, mehr was auch immer. Bruce hatte mir geholfen, wieder auf die richtige Spur zu kommen. Einen so tollen Partner, der einem hilft, seine Tage mit hervorragender Energie zu füllen, kann ich jedem nur empfehlen – und falls ihr ihn noch nicht gefunden habt, Mädels, müsst ihr euch eben aufraffen und selbst für den Spaß sorgen!

Wenn du ein braves Mädchen bist, hart arbeitest und immer deinen Verpflichtungen nachkommst, dich dieses ordentliche Leben aber nicht glücklich macht, dann ändere dich, tu etwas ganz anderes. Du bist in einem Trott, der dir nicht guttut, und du verschwendest deine Zeit. Wenn du keinen Spaß hast, hast du einfach nicht genügend Energie, um deinem Leben eine andere Richtung zu geben. Wenn du keinen Spaß hast, kannst du dir gar nicht vorstellen, Spaß haben zu wollen. Also lass lieber gar nicht erst zu, so verzweifelt tief zu sinken.

Eine Frau, die ein lustvolles Leben führen will, behält in jeder Situation ihren Humor. Selbst Mutter Natur hat Sinn für Humor. Ein Känguru zum Beispiel ist eine alberne Erfindung. Ein Pinguin? Zum Totlachen. Jede von uns kann ein bisschen Spaß in ihr Leben bringen, und das Ergebnis kann äußerst unterhaltsam sein. Du kannst beschließen, die Kontrolle über etwas Grässliches zu übernehmen und es in etwas Lustiges zu verwandeln.

So wie die göttliche Schwester Jill, die mit ihrem Mann David im Auto über den New Jersey Turnpike in der Nähe von New York City fuhr. Ihre Kinder, Samantha und Thomas, saßen hinten. Die Autos fuhren quälend langsam, Stoßstange an Stoßstange, und David hupte und fluchte die ganze Zeit. Es wurde immer heißer. Irgendwann stieg das Tempo auf etwa sechzig Stundenkilometer, und zwischen ihrem Auto und dem Wagen vor ihnen entstand eine kleine Lücke. Um schneller voranzukommen, setzte sich ein Van so dicht vor das Auto von Jill und ihrer Familie, dass sie beinahe aufgefahren wären. Ohne nachzudenken folgte Jill dem ersten Impuls, den sie hatte: Sie setzte sich aufrecht hin, zog ihr Shirt hoch und zeigte dem Fahrer ihre Brüste. Damit war das Eis im Auto gebrochen. Alle begannen zu lachen. Jill fragte David, ob er sich jetzt besser fühle, und das tat er, entzückt über das ungeheuerliche Verhalten seiner Frau. Ihre spontane Geste veränderte den ganzen Tag lang die Stimmung aller.

Vielleicht findest du Jills Handeln ja schockierend. Aber sei ehrlich – wie oft hast du den Gedanken, etwas zu tun, wieder verworfen, weil er dir zu ungeheuerlich vorgekommen ist? Das ist uns allen schon passiert. Nun, es ist an der Zeit, diese Selbstbeschränkung aufzugeben. Deine Wildheit, deine Spontanität erfreuen das Universum. Lass los und du wirst mit deinen Wünschen belohnt, so wie Aladin mit seiner Lampe. Aber du hast nicht nur drei Wünsche frei – du hast so viele Wünsche, wie du dir erträumst!

Lust anzustreben sollte Spaß machen. Es kostet keinerlei Mühe, ein elendes Leben zu führen, ein prachtvolles Leben anzustreben ist jedoch etwas ganz anderes. Dafür musst du dich schon ein bisschen anstrengen. Aber es kann dein Leben verändern, wenn du ein bisschen Freude für dich selbst zulässt. Ich liebe die Aufregung und die Energie, die meine göttlichen Schwestern beim Training ausstrahlen, wenn sie ihren Wünschen wirklich freien Lauf lassen. Es ist so anregend zu sehen, wie sie ihre Wünsche wiederentdecken und damit nicht nur ihr Leben verändern, sondern auch die Erfahrungen der Menschen um sie herum.

Zeig, was du wirklich fühlst

Die meisten von uns haben gelernt, ihre wahren Gefühle für sich zu behalten und den Leuten nur das zu sagen, was sie hören wollen beziehungsweise was wir glauben, fühlen zu *sollen*. Die Dinge, die wir wirklich wollen, machen uns verlegen. Um auszudrücken, was wir wollen, müssen wir jedoch die Wahrheit sagen, auch wenn wir uns dabei unwohl fühlen. Wenn du deine Wünsche mit den Menschen um dich herum teilst, bist du wirklich ganz du, und du wirst feststellen, dass deine Verbindung zu diesen Leuten viel stärker wird. Die göttliche Schwester Jenny war eine meiner Schülerinnen, die entdeckte, wie machtvoll es sein kann, die ganze Wahrheit zu sagen.

Jenny hatte einen Verehrer, Ron, der immer versuchte, mit ihr zu flirten und ihr nahezukommen. Deshalb ging sie ihm meistens aus dem Weg. Schließlich nahm sie all ihren Mut zusammen und sagte Ron, sie würde ihn als Freund schätzen, fühle sich aber nicht zu ihm hingezogen. Wie sich herausstellte, war das für Ron absolut in Ordnung. Und weißt du, was dann passierte? Jenny begann Ron immer mehr zu mögen und fühlte sich auf einmal doch zu ihm hingezogen – was beide überraschte und freute. Nach ein paar Monaten, in denen sie nur Freunde gewesen waren, redeten Jenny und Ron über das, was zwischen ihnen war, und begannen eine Liebesbeziehung. Du weißt nie, was passiert, wenn du der Wahrheit, die du fühlst, vertraust und dich von ihrer Macht leiten lässt.

Die göttliche Schwester Krisztina hatte eine ähnliche Erfahrung mit der Wahrheit. Sie kam mit ihrem Freund aus Budapest nach New York. Nach ein paar Monaten fuhr er wieder nach Hause, doch sie beschloss zu bleiben. Krisztina wollte unbedingt in New York, in den Vereinigten Staaten, leben. Zwar hatte sie nicht geplant, alleine in diesem neuen Land zu sein, aber sie ließ sich nicht abschrecken. Sie blieb bei ihrem Wunsch, trotz der unerwarteten Hindernisse, die sich vor ihr auftürmten.

Und es ging gut aus für Krisztina. Sie fand einen Job und lernte einen neuen Mann kennen, ebenfalls ein Auswanderer, Steve. Ein paar Monate lang hatten sie eine heiße Affäre. Als Steve aus seiner Wohnung ausziehen musste, bot Krisztina ihm an, bei ihr einzuziehen. Sie trafen keine formelle Vereinbarung – es passierte einfach so, obwohl Steve eigentlich das Gefühl hatte, zu jung für eine feste Partnerschaft zu sein. Dann wurde es ernst: Da keiner von ihnen ein langfristiges Aufenthaltsrecht hatte, beteiligten sie sich an der Greencard-Lotterie. Sie sagten, wenn einer von ihnen gewinnen würde, würde er den anderen heiraten, damit auch er eine Greencard bekäme. Aber das sollte nur eine geschäftliche Transaktion sein. Als Steve tatsächlich in der Lotterie gewann, zögerte er jedoch, sein Versprechen einzulösen. Krisztina wollte, dass er ihr einen Ring kauft, und drängte ihn, sie zu heiraten, obwohl sich keiner von beiden bei dem Gedanken wohlfühlte. Sie fühlte sich nicht begehrt, und er fühlte sich unter Druck gesetzt. Ihre Beziehung war wie eine Zeitbombe – sie konnte jederzeit explodieren. Als Krisztina in der Schule der weiblichen Künste auftauchte, hatte Steve sie gerade verlassen und war nach Florida gezogen.

Krisztina war am Boden zerstört. Sie wusste, dass Steve sie ebenfalls liebte, aber je mehr sie versuchte, ihn zu halten, desto schneller wandte er sich von ihr ab. Der Grund dafür war eindeutig: Krisztina konzentrierte sich ganz darauf, Steve zu gefallen, um seine Liebe und Akzeptanz zu gewinnen. Doch das ging nach hinten los.

Also steckte Mama Krisztina ins Lust-Trainingslager. Sie musste bei Kerzenschein baden, sich verwöhnen, mit ihren Freundinnen ausgehen (was sie schon seit Jahren nicht mehr getan hatte!) und mit anderen Männern flirten. Damit eine Frau wieder weiß, wer sie wirklich ist, gibt es keinen besseren Weg als Flirten. Plötzlich kam Krisztinas Power zurück. Ihr wurde klar, dass sie mehr war als ein Hausmütterchen – sie war eine intelligente, schöne und attraktive junge Frau. Viel zu lange hatte sie das eigene Vergnügen zurückgestellt und Steve dafür die Schuld gegeben. Eigentlich war sie ihm jetzt sogar dankbar, dass er sie verlassen hatte – wenn das nicht passiert wäre, hätte sie sich wohl nie bei der Schule der weiblichen Künste angemeldet und ihren Weg nach Hause gefunden.

Kurz nach dieser Erkenntnis redeten Krisztina und Steve noch einmal miteinander. Krisztina sagte ihm, sie wolle ihn zurück. Sie sagte es geradeheraus, ohne zu jammern oder zu flehen. Während des Anrufs lag sie in der Wanne in einem Schaumbad und erzählte ihm, wie viel Spaß sie gerade habe. Krisztinas Stimme hatte einen sexy einladenden Klang, den Steve gar nicht an ihr kannte. Auf einmal wollte er schrecklich gerne Teil dieser Welt sein, die Krisztina für sich schuf.

Schon bald fing er wieder Feuer. Er rief Krisztina jeden Tag an, weil er neugierig war, was sich in ihrem spannenden Leben gerade wieder ereignete. Sechs Wochen später war er zurück in New York und verliebter in Krisztina denn je. Er ruft sie immer noch jeden Tag an, wenn die beiden in der Arbeit sind, und sie führen ein wundervolles Leben.

Die göttliche Schwester Krisztina bekam schließlich das Leben *und* den Mann, den sie wollte, und zwar auf die effektivste Art und Weise: Sie ging durch den eigenen Weg der Lust auf beide zu.

Wenn du wie Krisztina den Weg der Lust wählst, wirst du bald entdecken, dass andere Leute, ja sogar das ganze Universum positiv auf dich reagieren werden. Deine funkelnde Energie zieht alles an, was du dir wünschst. Ist es so schwer zu verstehen, warum dieser Ansatz so effektiv ist? Sollten wir nicht alle unsere Zeit mit erfüllten, zufriedenen, Spaß liebenden Menschen verbringen anstatt mit Jammerlappen und Klageweibern? Wenn du deine eigene Macht und deine Lust akzeptierst, wirst du feststellen, dass du dich nicht mehr beklagst und lamentierst. Im Leben einer wirklich zufriedenen Frau gibt es dafür einfach keinen Platz mehr.

Du hast die Freiheit, dein eigenes Leben genauso zu führen, wie du es gerne hättest. Und jetzt geh hinaus und fang damit an.

Arrangiere deinen Beruf um dein Vergnügen herum. Lass dich von der göttlichen Schwester Alessandra inspirieren. Nach einigen stressigen Monaten im Job, in denen sie immer länger arbeiten und immer mehr Verantwortung übernehmen musste, ohne dafür mehr Geld zu bekommen, war Alessandra es leid. Eines Tages ging sie in das Büro ihres Chefs und sagte: »Ich habe keine Zeit mehr für Sex, keine Zeit, um mit meinem Freund zu Abend zu essen oder ins Fitnessstudio zu gehen. Ich kündige!« Doch anstatt Alessandra gehen zu lassen, überredete ihr Chef sie zu bleiben. Er erhöhte ihr Gehalt und verkürzte ihre Arbeitszeit. Ich war nicht besonders überrascht, als ich davon erfuhr, Alessandra hingegen schon. Für sie kam die Reaktion ihres Chefs völlig unerwartet. Sie veränderte ihre komplette Sicht darauf, was sie eigentlich alles erreichen kann, welches Leben ihr angesichts ihrer neuen Fähigkeiten offensteht. Das nächste Mal, sagt Alessandra, wird sie ihre Wünsche rechtzeitig äußern, bevor ihr wieder alles zu viel wird.

Alessandras Beispiel kann eine Lektion für alle Frauen sein. Wir sind dafür verantwortlich, uns ein neues Spielfeld zu schaffen. Aber das ist schwieriger, als es scheint. Denn genauso wie uns beigebracht wurde, nicht an unser Vergnügen zu denken, muss uns erst wieder beigebracht werden, es neu aufleben zu lassen. Wie Alessandra müssen wir alle den Mut aufbringen, um den ersten Schritt zu tun und den Ball zu fangen – und dann müssen wir damit losrennen. Ich hoffe, dass dir dieses Buch dabei eine Hilfe ist. Wenn du Angst hast, entschlossen den Lebensstil zu kreieren, den du dir wünschst, kann es dein Handbuch voller Ratschläge, Inspiration und Ideen sein. Es kann dir Mut machen, und du kannst den zahlreichen Optionen und Beispielen folgen, während du deinen eigenen Weg zu ewiger Freude planst.

Die göttliche Schwester Alessandra hätte ihre Arbeitssituation nie in den Griff bekommen, wenn sie sich nicht auf ihre Wünsche konzentriert hätte. Ihre unbändige Lust aufs Leben hatte die Aufmerksamkeit ihres Chefs erregt. Er hätte nie so auf diese göttliche Schwester reagiert, wenn sie als schüchterne, rückzugsbereite Untergebene aufgetreten wäre. Nein, es lag an Alessandras Kühnheit, an ihrem Mut, ihre Wünsche laut und deutlich zu äußern, dass sie bekam, was sie wollte.

Folge deiner göttlichen Intuition

Wir sind wirklich alle göttliche Schwestern. Die meisten finden diese Bezeichnung amüsant und lustig, und das ist sie auch. Aber sie ist auch die Wahrheit. Und sie erinnert uns an eine andere grundlegende Wahrheit: Als Frauen haben wir alle einen göttlichen Funken in uns. Es ist unsere Pflicht, diese Göttlichkeit zu achten und unseren Instinkten, unserer weiblichen Intuition zu folgen.

Wenn du lernst, aus Enthusiasmus oder Freude heraus zu handeln, tust du unglaublich viel für dich selbst. Wenn du zum Beispiel einen Mann nur dann küsst, wenn du es wirklich willst und nicht weil du glaubst, es tun zu müssen, kannst du den Kuss in vollen Zügen genießen. Oder wenn du nur isst, auf was du wirklich Lust hast, so schmackhaft zubereitet, wie du es gerne magst. Wenn du die Göttin in dir feiern willst, musst du jeden Moment des Tages darauf achten, was du dir wünschst, so als würdest du dich um einen wunderschönen Schrein kümmern. Behandle dich selbst wie diesen Schrein – und wann immer du die Gelegenheit dazu hast, streue einen Teppich aus Rosenblättern vor deine Füße!

Je göttlicher du wirst, desto mehr Angebote aller Art wirst du bekommen. Du hast lediglich die Verpflichtung, dich von deinem Instinkt leiten zu lassen. Es ist okay, ein Angebot abzulehnen, wenn du für den Tag genug hast, auch wenn es etwas Wundervolles ist.

Gestern hat mein Mann Bruce mich zur Kosmetikerin geschickt, mir ein neues Portemonnaie geschenkt und wunderschöne Ohrringe. Außerdem sind wir mit unserer Tochter Maggie zu einer Kunst-Vernissage gegangen. Bruce genoss all den Spaß, den wir hatten, in vollen Zügen und zeigte sich von seiner großzügigsten Seite. Am Abend wollte er uns alle zum Essen einladen. Ich ließ mich von seiner guten Laune anstecken und stimmte zu – obwohl ich eigentlich das Gefühl hatte, zu erfüllt von dem wundervollen Tag zu sein, um noch in meinem Lieblingsrestaurant essen zu gehen. Wenn ich auf meine Intuition gehört hätte, die mir zuflüsterte, dass sie lieber nach Hause gehen möchte, wäre ich auf der richtigen Spur gewesen. Es stellte sich nämlich heraus, dass das Restaurant so voll war, dass wir eine Stunde auf einen Tisch hätten warten müssen, und so fuhren wir unverrichteter Dinge nach Hause. Meine Intuition hatte mir das von Anfang an mitgeteilt, aber ich hatte nicht auf sie gehört, und daher machten wir alle eine unnötige Fahrt. Natürlich ist es nur eine Kleinigkeit auf einen Tisch warten zu müssen, aber ich hoffe, du verstehst trotzdem, wie wichtig und hilfreich es sein kann, immer mit deiner inneren Wahrheit und Weisheit verbunden zu sein. Ich kann euch nur versichern, Mädels, sie lässt euch nie im Stich!

Versuche gar nicht erst, deine Intuition zu hinterfragen. Sie ist ein sehr komplexes Rätsel, dessen Auflösung nicht besonders interessant ist. Freue dich einfach daran, so oft wie möglich in dir selbst zu lesen (hast du heute, in dieser Minute, genug Spaß gehabt?) und danach zu handeln, was du herausgefunden hast. Wenn du erst einmal in die Gedankenschleife »Warum sind die

Dinge so, wie sie sind?« gerätst, befindest du dich in einem Labyrinth, an dessen Ausgang keine Belohnung wartet. Du findest die Antwort sowieso nie erschöpfend heraus. Und wenn doch, wird dein Leben dadurch nicht zwangsläufig besser.

Die göttliche Schwester Stacey war auch so jemand, die erst einmal das »Warum« vergessen musste. Sie hatte solche Probleme mit Intimität, dass sie am besten mit einem Astronauten zusammen gewesen wäre, wie einer ihrer Exfreunde einmal meinte. Als sie zu Mama kam, hatte sie schon seit Jahren keine Beziehung mehr gehabt und fühlte sich mittlerweile schuldig, weil sie die Jungs nicht so nahe an sich heranlassen konnte. Nachdem sie ein paar weibliche Künste erlernt hatte, beschloss Stacey, etwas anders zu machen.

Anstatt weiterhin so viel Zeit zu verschwenden, um die psychologischen Gründe für ihr Verhalten zu verstehen, beschloss Stacey, in deren Leben wieder ein neuer Mann getreten war, die Zeit mit ihm zu genießen – genau wie die Zeit, die jeder für sich allein verbrachte. Es stellte sich heraus, dass es ihr viel mehr Spaß machte, einfach ihr Leben zu leben, als sich über ihre Intimitätsprobleme Gedanken zu machen. Und mit der Zeit war Stacey immer mehr in der Lage, sich über die Aufmerksamkeit des neuen Mannes zu freuen. Eines Abends gab er Stacey die Schlüssel zu seiner Wohnung. Die alte Stacey wäre erschrocken zurückgewichen bei diesem intimen Akt, aber die neue göttliche Schwester Stacey war entzückt und aufgeregt angesichts des Fortschritts, den ihre Beziehung machte.

Es kann uns allen passieren, dass wir kurzfristig mehr auf das Erreichen eines Ziels achten als auf unsere Freude am Tun. Genau das ist dann der richtige Moment, um sich eine Pause zu gönnen. Wenn du das nicht tust, sind Stress und Burn-out nicht mehr weit.

Um dich zu inspirieren, den Weg der Lust einzuschlagen, möchte ich deinen Kopf und dein Herz mit Geschichten von Frauen füllen, die sich bereits auf diesem Weg befinden.

Die alten Rollenklischees, die man uns beigebracht hat, funktionieren nicht mehr. Es ist an der Zeit, Schneewittchen, Aschenbrödel, Dornröschen und die kleine Meerjungfrau hinter sich zu lassen. Du musst dich und deine Welt von diesen unterwürfigen, gelähmten, abhängigen, schwachen, passiven, aufopfernden, kraftlosen Vorbildern befreien und stattdessen beginnen, wie Pippi Langstrumpf zu denken. Du machst dir die Welt, wie sie dir gefällt – mit deinen Regeln und deiner Lust. In dieser neuen Welt sind deiner Macht keine Grenzen gesetzt. Ich weiß, dass diese neue Realität schwierig anzunehmen ist. Um einen Anfang zu machen, tust du manchmal am besten einfach so, als hättest du schon immer danach gelebt. Wenn du einmal den ersten Schritt gemacht hast und in Schwung gekommen bist, musst du nur noch zusehen, dass du am Ball bleibst.

Einige der stärksten Frauen, die ich kenne, sind deine göttlichen Schwestern. Diese Damen haben sich ihren eigenen Weg zur Lust gepflastert, indem sie zuerst einmal das unvergleichliche Vergnügen am Lächerlichen wiederentdeckt haben. Überlege dir, ob du nicht in ihre Fußstapfen treten möchtest.

In einer der letzten Sitzungen erzählte die göttliche Schwester Hiroko, die normalerweise sehr zurückhaltend und ruhig ist, den anwesenden Göttinnen von einem Abenteuer. Sie hatte Freundinnen in Rhode Island besucht. Da sie kurz vorher gerade mit dem Unterricht angefangen hatte, wollte sie ihren Freundinnen ein wenig von ihrer neu gefundenen Wildheit abgeben. Deshalb überredete sie sie, mitten in der Nacht splitterfasernackt im Swimmingpool eines Nachbarn baden zu gehen. So viel Spaß hatten die Mädels seit Jahren nicht mehr gehabt.

Ein weiteres Beispiel für Albernheit erzählte die göttliche Schwester Brenda, 56 Jahre alt, Single, seit Jahren ohne Date. Sie beschloss eines Tages, sich Feuer unter dem Hintern zu machen. Also machte sie einen Termin bei ihrem sexy Friseur. Vorher hatte sie sich neue rote Satin-Unterwäsche gekauft. Sie beschloss, sie beim Friseur zu tragen. Das war ihr kleines Geheimnis, aber der Friseur wurde auf mysteriöse Weise ganz wild, flirtete mit ihr und brauchte Stunden für ihre Frisur. Brenda begann die Macht ihres Höschens zu spüren, die Macht, sich selbst das Flirten zu erlauben.

Fällt dir auf, was hier passiert? Du musst dich bewusst für den Spaß und gegen andere Verpflichtungen oder die Erwartungen von Dritten entscheiden, damit du Freude empfindest. Du würdest dich wundern, was alles geschieht, wenn Frauen klar wird, dass sie sich ihrer Wünsche nicht zu schämen brauchen. Folge deiner Lust, deinen Wünschen, deinem geheimen Verlangen. Wenn du das tust, wird sich dein Leben zum Besseren wenden.

Die göttliche Schwester Sydney ist Ärztin und hat ein ungezogenes Geheimnis. Sie flirtet mit einem Pfleger im Krankenhaus und trifft sich nun auch diskret außerhalb der Arbeit mit ihm. Das macht sie schwungvoller und belebt ihre Routine bei der Arbeit. Manche Menschen mögen Sydneys Verhalten nicht billigen, aber sie und der junge Mann fühlen sich großartig dabei und freuen sich immer, wenn sie gemeinsam Dienst haben. Ich meine, es deutet alles darauf hin, dass Sydney die richtige Entscheidung für sich getroffen hat – es geht ihr blendend! Wen kümmert es schon, was andere dazu zu sagen haben?

Gut, die Leute reden immer davon, dass man irgendwann die Quittung für sein Verhalten bekomme. Auf jede tolle Erfahrung folge irgendwann die Enttäuschung. Wenn du dich zum Beispiel von jemandem trennst, musst du erst diese furchtbare Trauerzeit durchmachen, nicht wahr? Falsch! Wenn du deinen Wünschen folgst, kann das die guten Zeiten besser und die schlechten Zeiten erträglicher machen. Die göttliche Schwester Abby trennte sich von ihrem langjährigen Freund und hatte in der Woche darauf fünf Verabredungen. Zwei davon waren mit einem Songwriter, den sie sehr mag. Die Vorstellung, ihn dazu zu bringen, Songs über sie zu schreiben, machte ihr große Freude. Für Abby sind Partys eine echte Alternative zu monatelanger Trauer über das Ende ihrer Beziehung.

Die göttliche Schwester Bette würzte ihr Leben mit einer Prise Spaß, nachdem sie kürzlich einen ernsthaften Streit mit ihrem Mann hatte. Sie und ihr Mann streiten sich häufig, aber dieses Mal hatte Bette keine Lust, sich von seinen Nörgeleien runterziehen zu lassen, wie das sonst immer der Fall war. Stattdessen verordnete sie sich selbst eine sinnliche Diät: Sie gönnte sich eine Burberry-Pediküre, verschaffte sich selbst ein bisschen Lust und hatte fünfmal in einer Woche Sex mit ihrem Mann. Immer wenn sie aneinandergerieten, sperrte sie ihn ins Schlafzimmer ein. Sie hatten die beste Woche ihres Lebens.

Erinnerst du dich daran, wie ich sagte, dass du die Welt auch für die Menschen um dich herum verändern kannst, wenn du dein Leben auf Lust umstellst? Hier ist die Geschichte der göttlichen Schwester Maura. Sie machte eine Reise nach Saint Barth und legte im wahrsten Sinne des Wortes ab – sie sonnte sich oben ohne und hatte Verabredungen mit allen süßen Kellnern im Hotel. Früher hätte sie nicht einmal im Traum daran gedacht, sich so zu verhalten. Aber jetzt wurde ihr klar, dass sie viel mehr Spaß haben konnte, als sie sich jemals vorgestellt hatte, und die Tatsache, dass die Männer sie standig zu Champagner oder zum Abendessen einluden, war ein zusätzlicher Bonus. Ein Mann war so hingerissen von Maura, dass er sie aufforderte, ihren Job zu kündigen und mit ihm nach Spanien zu segeln. Maura ging zwar nicht auf sein Angebot ein, aber sie freute sich trotzdem darüber.

Das war der tollste Urlaub, den Maura jemals gemacht hatte. Aber am besten fand sie, dass sie während der Reise auch ihrer Freundin Nancy beibrachte, Spaß zu haben. Nancy war eine großzügige Frau, die immer für sich und andere bezahlte. Maura zeigte ihr, wie unwiderstehlich eine Frau sein kann, wenn sie Spaß hat – in ihrem Fall hatte das zur Folge, dass alle Männer in ihrem Umfeld sie zu Champagner einluden. Am letzten Abend des Urlaubs kam Nancy aufgeregt zu ihr gerannt, um Maura zu erzählen, dass ein Mann ihr nicht nur ein Glas, sondern eine ganze Flasche Champagner spendiert hatte. Offenbar hat Maura in diesem kurzen Urlaub eine göttliche Schwester aus Nancy gemacht. Spaß miteinander zu teilen ist das ganze Geheimnis.

Lust in sein Leben zu lassen erfordert die Bereitschaft, nach dem Guten zu streben, ganz egal, wie die Umstände sind. Erst wenn du danach strebst, kannst du wahre Lust finden. Und bis du so weit bist, reicht es, wenn du so tust als ob. Die göttliche Schwester Meg saß im Flugzeug nach Paris. Der Flieger stand drei Stunden lang auf dem Rollfeld, und dann hieß es, sie würden überhaupt nicht starten. Sie war wütend. Doch es war Woche zwei des Unterrichts der weiblichen Künsten, und plötzlich dachte Meg: »Was würde Mama Gena jetzt sagen? Bestimmt würde sie sagen, die Tatsache, dass das hier passiert, ist irgendwie perfekt für mich.« Sie hatte den Gedanken noch nicht zu Ende gedacht, als sie aufblickte und ihr ein echt süßer Typ auffiel. Sie tranken etwas zusammen, und als sie später auf den nächsten Flug warteten, aßen sie gemeinsam zu Abend. Meg hatte schon seit einer Weile kein Date mehr gehabt (sie war nach einer hässlichen Trennung etwas zurückhaltend geworden), und jetzt wurde sie sozusagen gezwungen, stundenlang mit diesem hinreißenden Mann im Flughafen zusammen zu sein.

Auf dem Rückflug nach New York saßen die beiden erneut nebeneinander und redeten die halbe Nacht. Bei der Landung tauschten sie ihre Telefonnummern aus, und Meg war begeistert. Sie betrachtete die Erfahrung als Geschenk, als Belohnung, weil sie bereit gewesen war, die Situation so anzunehmen, wie sie war.

Das ist meine Vorstellung eines lustvollen Lebens: mit Freunden zusammen sein, mein Leben mit anderen teilen. Das Leben meines Kindes mit Einflüssen bereichern, die über das, was mein Mann und ich ihr bieten können, hinausgehen. Mit anderen Kindern und Erwachsenen zusammen zu sein. In der Stadt und doch am Meer zu leben. In einem wahrhaft lustvollen Leben trage ich das bei, was ich gerne tue, und andere Menschen übernehmen die Dinge, die ich nicht gerne tue – Wäsche waschen, sauber machen, kochen. Mich beruflich zu engagieren ist lustvoll – und mein Mann unterstützt mich bei meiner Vision.

Ich stecke schon mein Leben lang in dem Prozess, mein Leben immer wieder neu zu erfinden, meine Vision immer wieder neu zu erschaffen. Nach meiner Erfahrung verändern sich die Dinge nicht alle auf einen Schlag, nur weil man sein Leben lustvoller gestaltet. Aber nach und nach stimmen deine Gedanken und Handlungen mit dem überein, was du dir wünschst. Auf dieser Reise musst du auf das achten, was du willst, und du musst Fehler machen, aus denen du lernen kannst. Wenn du deinen Weg findest, so wie ich meinen gefunden habe, wirst du lernen, an was du festhalten und was du mit der Zeit loslassen solltest. Lust ermutigt dich zu entdecken, was dich fröhlich macht – und was nicht. Und wenn du dein Leben um deine persönliche Zufriedenheit herum aufbauen willst, musst du immer wieder auswählen, was dich fröhlich macht, jeden Tag.

Im echten Leben wohne ich nicht am Strand, und ich lebe auch nicht in einem Haus voller Freunde. Nur manchmal. Ich verfolge zwar größere Ziele und Bestrebungen, auf die ich mich zubewege, aber ich muss auch anerkennen, dass das, was ich bereits habe, unglaublich schön ist. Ich lebe in einem großen, gemieteten Stadthaus in New York. Ich habe fantastische Nachbarn, deren Kinder bei mir ein und aus gehen. Ich arbeite mit Beth, meiner lieben Freundin, und mit meinem Mann Bruce in unseren Büroräumen im zweiten Stock. Ich habe fantastische, lustige, kreative Freunde, die mich ständig inspirieren. Ich liebe die Bande immer neuer Göttinnen, die mit uns arbeiten, zum Essen bleiben, quatschen und mit Maggie spielen. Und neben den Göttinnen gehen auch andere in unserem eleganten Haus ein und aus. Meine besten Freunde kommen jedes Jahr mindestens einen Monat lang aus Kalifornien zu Besuch, um bei uns zu wohnen und mit uns zu arbeiten. Ich habe die hinreißendste, lustigste, liebevollste Haushälterin, die man sich vorstellen kann, Carmen – und die schöne Marti, die sich hervorragend um meine Tochter kümmert. Das wichtigste Element in meinem aktuellen Leben ist der ständig präsente Geist von Arbeit, Liebe, Spiel und Gesellschaft. Ich liebe die Menschen um mich herum.

Jetzt wollen wir aber unseren Blick auf *deine* Träume, Ziele und Wünsche richten. Hoffentlich haben wir deine Fantasie so beflügelt, dass ein paar tiefe Wünsche an die Oberfläche gekommen sind. Also los, Mädels, zeigt euer volles, freies, fabelhaftes Selbst! Betrachtet das als formelle Einladung. Natürlich braucht man Übung, Mut und ewige Wachsamkeit, um ein tolles Leben zu führen. Aber es gibt keinen Grund, auch nur einen Moment länger zu zögern. Lasst den Spaß beginnen mit diesen Übungen, die ich extra für eure Freiheitsmuskeln entworfen habe. Macht das Spaß-Workout zum Bestandteil eurer täglichen Routine!

Wir kommen jetzt in den Aktionsteil dieser Lektion. Vielleicht fragt ihr euch ja, warum. Der Grund dafür, meine Göttinnen, ist, dass ihr alle so schlechte Angewohnheiten habt. Mama möchte euch umschulen. Diese Übungen erfordern weder viel Vorbereitung noch viele Hilfsmittel. Es sind einfach nur Aktivitäten, die euch dabei helfen, mit eurem Selbst und euren Gelüsten in

Kontakt zu kommen. Der schnellste Weg, zu einer göttlichen Schwester zu werden, ist es, alle Übungen gewissenhaft zu machen – die Frauen in meinen Kursen, die fleißig ihre Hausaufgaben erledigen, schneiden übrigens am besten ab. Selbst wenn sie sich bei den Übungen nicht ganz wohlfühlen, wenn sie skeptisch sind, die Ergebnisse sind immer großartig. Vielleicht lehnt ihr diese Übungen ja ab. Manche mögen euch albern vorkommen, oder vielleicht glaubt ihr, nicht üben zu müssen. Aber meiner Erfahrung nach können wir alle ein bisschen Übung brauchen.

ÜBUNG   *Die Vorhersage*

Den meisten von uns fällt gar nicht auf, wie sehr wir uns ständig selbst missbilligen. In unseren Köpfen laufen die Zweifel in Dauerschleife: »Das ist falsch«, »Das hättest du nicht sagen dürfen«, »Du hast viel zu viel gegessen«, »Das kostet viel zu viel«, »Das ist kein guter Job« und so weiter. Wir sollten ein bisschen Zustimmung, ein bisschen positive Verstärkung in unser Leben bringen. Beschließe einfach, dass du immer, auf irgendeiner Ebene, genau richtig reagierst. Stell fest, wie genial du bist, und billige es.

Überprüfe dich regelmäßig, vielleicht jede Stunde, einen ganzen Tag lang. Achte genau darauf, wie du dich in diesem Moment fühlst – glücklich, traurig, frustriert, neidisch, erschöpft, mürrisch, was auch immer. Schreib es auf. Dabei sagst du jedes Mal den folgenden Satz: »Ich bin _____, und das ist die richtige Art zu fühlen.« Setz die jeweilige Stimmung ein. Feiere alles, was passiert, sogar einen Wetterumschwung, und was du dabei empfindest.

Danke-Notizen

Dankbar zu sein ist aus vielen Gründen gesund. Erstens fühlt es sich wundervoll an. Zweitens öffnest du dich für mehr Gutes, wenn dir das Gute in deinem Leben auffällt. Du schaffst Raum. Und drittens, wenn du dich darauf konzentrierst, dankbar zu sein, stellst du fest, wie viele deiner Wünsche schon wahr geworden sind.

Stell eine »Dankes«-Liste zusammen: Wofür bist du dankbar? Diese Übung hilft dir dabei, aus dem positiven Willensakt der Dankbarkeit eine Gewohnheit zu machen.

ÜBUNG Die Bindungen

Erstelle eine Liste all deiner Glaubensannahmen, deiner kulturellen Konditionierung, deiner ungeschriebenen Regeln, wie frau sich benehmen sollte. Halte fest, wie du dich in der Arbeit, unter Freunden, in einer Beziehung benehmen *sollst*. Vielleicht stehen auf deiner Liste Sätze wie: »Ich darf nicht beim ersten Date mit jemandem schlafen« oder »Ich sollte nur in der Arbeit fehlen, wenn ich krank bin« oder »Wenn ich über dreißig bin, sollte ich verheiratet sein«.

Wenn du diese Dinge auflistest, beleuchtest du das, was du lange Zeit für wahr gehalten hast. Was du siehst, könnte dich überraschen. Wir gehen einfach davon aus, dass Gott männlich ist, dass eines Tages unser Prinz kommt oder dass wir bis zur Erschöpfung arbeiten müssen, um zu bekommen, was wir wollen. Gehst du davon aus, dass du dich, wenn du heiratest, zwischen deinem Job, den du liebst, oder deinem Heim entscheiden musst? Hast du das Gefühl, du wirst nie reich sein? Oder niemals einen Lebenspartner finden? Hast du das Gefühl, dass immer nur anderen Menschen alles in den Schoß fällt und dir nicht? Bedeutet Mutterschaft Sklaverei? Schreib diese Liste und leg sie in eine Schublade. Hol sie ein oder zwei Monate, nachdem du dieses Buch zu Ende gelesen hast, wieder heraus. Und dann sieh nach, ob einige deiner Annahmen nicht mehr gelten.

Ich bin früher immer davon ausgegangen, dass eines Tages mein Prinz kommen würde. Es stellte sich jedoch heraus, dass ich einen ganz annehmbaren Mann fand, den ich dann in meinen Prinzen verwandeln konnte, indem ich ihm meine Wünsche mitteilte und ihn schätzte. Hätte ich nicht von meiner Annahme gewusst und sie so geändert, dass sie meiner Lust entsprach, hätte ich heute sicherlich keinen so einen tollen Partner und Vater für meine kleine Tochter.

ÜBUNG *Das Frauen-Mantra*

Ein Frauen-Mantra ist deine Aussage darüber, wer du bist, als freie Frau, die selbstbestimmt auf diesem Planeten lebt. Hier sind ein paar tolle Beispiele von Frauen-Mantras, die ich liebe:

Ich bin schön, ich bin reich,
und ich habe alles, was ich will.
Danke, Göttin.

Die ganze Welt ist mein.
Kein Kochen, Putzen, Backen mehr –
es sei denn, ich will es so,
es sei denn, ich will es so.
Sex dient meiner Befriedigung.
Gib mir einen Mann mit Schwung –
solange ich es will,
solange ich es will.

Freiheit ist neu.
Freiheit gehört mir.
Absolut göttliche Freiheit.
Freiheit ist jetzt, Freiheit ist hier.
Absolut göttliche Freiheit.

Erfinde dein eigenes Frauen-Mantra, deine eigene persönliche Aussage über dich selbst als Frau. Es bringt dich nicht weiter, über Ungleichheit nachzugrübeln. Erfahre stattdessen lieber deine Freiheit. Nimm ein Blatt Papier und einen Stift und lass deine Gedanken einfach herausfließen. Frauen-Mantras müssen sich nicht reimen. Sie müssen auch keinen Sinn ergeben. Sie sind nur zu deiner Unterhaltung und Inspiration da.

Die weibliche Kunst, deine Begierde anzuregen

Oh, lasst uns für alle Ewigkeit in den Wünschen der
Frauen schwelgen und verweilen.

MAMA GENA

Ich kann mich noch gut an meine Wut als Sechsjährige erinnern, als mir meine Eltern nur zwei Plätzchen als Snack vor dem Schlafengehen erlaubten. Um mich zu rächen, stopfte ich mir vorne und hinten Plätzchen in die Unterhose – ich weiß noch, dass es doppelte Schokoladenkekse waren –, und als ich Mum und Dad den obligatorischen Gutenachtkuss gab, hoffte ich, dass ihnen die Ausbuchtung um meinen Bauch nicht auffallen würde. Ein wahres Plätzchenfest wartete auf mich!

Ich kann mich gut erinnern, dass ich keine Probleme damit hatte, alle Plätzchen zu verspeisen. Der heimliche Plätzchenvorrat funktionierte sogar so gut, dass ich noch weitere Versionen des Spiels erfand – ich versteckte mich in der Vorratskammer, holte gefrorene Eistorten aus dem Tiefkühler und schlich spätabends in die Küche, um im Schneidersitz auf der laufenden Waschmaschine zu sitzen und genüsslich zu essen. Es ist ein Wunder, dass ich nicht so dick geworden bin wie ein Sumo-Ringer. Da mein Appetit so groß war (ich war überzeugt davon, er war zu groß), konnte ich meine Wunschleckereien nicht in der

Gegenwart anderer genießen! Denn was einen beschämt, mag man nicht zeigen.

Es hat lange gedauert, bis ich meinem Appetit vertraute. Ich lernte aus meinen Fehlern ebenso wie aus meinen Triumphen. Jedes Mal, wenn ich einfach das tat, was mir Freude machte, führte es zu fantastischen Abenteuern. Unterdrückte ich jedoch meine wahren Wünsche, saß ich in der Sackgasse.

Was passiert, wenn dich ein Mann fragt: »Was möchtest du heute Abend gerne tun?« Fallen dir zahllose fabelhafte Optionen ein, die dich begeistern würden – nackt bei Kerzenschein Hummer essen, in der erste Reihe im Zirkus sitzen, Tango tanzen mit einer Rose zwischen den Zähnen? Oder hältst du dich zurück und wartest auf seinen Vorschlag – »Was immer du gerne möchtest, Liebling«? Schlägst du etwas vor, was ihm ganz bestimmt recht ist? Abendessen und ins Kino gehen? Oder: »Wir könnten auch einfach zu Hause bleiben und uns ein Video ausleihen. Ich koche uns was Schönes.«

Die letztgenannten Ideen tauchen viel zu häufig auf, um tatsächlich wahre Sehnsüchte sein zu können. Sie sind einfach nur unsere fehlgeleiteten Optionen. Wir Frauen machen derlei Vorschläge, wenn wir uns nicht trauen zu sagen, was wir wirklich wollen, oder wenn wir nicht genau wissen, was unser Herz begehrt. Audre Lorde hat in *The Uses of the Erotic: The Erotic as Power* genau dieses Problem beschrieben: »Wir sind so erzogen worden, dass wir das ›Ja‹ in uns selbst, unsere tiefsten Sehnsüchte, fürchten.« Doch wenn eine Frau ihre Wünsche ignoriert, verkümmern sie und verschwinden schließlich.

Eine meiner Klientinnen, die göttliche Schwester Leslie, lebt von einem stattlichen Treuhandfonds. Sie verdient in der Familie »die Brötchen« – und doch hat sie ihr Leben völlig auf den Job und den Lebensstil ihres Mannes ausgerichtet, der Schauspieler ist. Sie ziehen um, wenn er irgendwo Arbeit bekommt, nicht wenn sie es will. Obwohl sie sich eine Haushälterin und eine Kinderfrau leisten könnte, hält sie den Haushalt mit drei Kindern ganz alleine in Ordnung. Trotz ihrer finanziellen Mittel nutzt Leslie nicht, was sie hat, da sie tief im traditionellen Rollenbild der Frau verhaftet ist. Sie hat den Kontakt mit der tiefen, machtvollen Wahrheit verloren – der Wahrheit, dass ihre Lust wertvoll ist und eine wichtige Rolle in ihrem Leben und dem ihrer Familie spielt.

Millionen von Frauen geht es wie Leslie. Sie sind so verstrickt in das, was sie wollen *sollen*, dass sie gar nicht mehr wissen, was sie *tatsächlich* wollen. Wenn du in einer Höhle aufgewachsen wärst, würdest du die Sonne nicht vermissen. Du würdest einfach nicht darüber nachdenken – du würdest dein Leben in Dunkelheit leben, weil du nicht wüsstest, dass es Licht gibt. Und wenn dich jemand ans Licht zerren würde, würdest du dich wahrscheinlich abwenden und unwohl fühlen – »Wer braucht *das* denn? Mir ist es doch gut gegangen in meiner Höhle!«

Wir Frauen können oft nicht sagen, was wir wollen, weil man uns beigebracht hat, unseren Wünschen keine Zeit, Energie oder Priorität zu schenken. Männer verstehen das nicht wirklich. Wenn ich meinen Mann frage, ob er etwas will, dann hat er immer sofort eine Antwort parat. Er verspürt keinen inneren Konflikt. In unserer Kultur werden Männer so erzogen, dass sie nicht an sich und an dem, was sie wollen, zweifeln. Man bringt ihnen bei, ihre Träume zu identifizieren und zu verfolgen. Aber Frauen wissen nicht, wie sie ihre Wünsche abrufen sollen, und wenn sie doch auftauchen, wissen sie nicht, wie sie sie äußern sollen. Diejenigen von uns, die wirklich tief vergrabene Gelüste haben, werden sogar böse, wenn jemand sie fragt, was sie sich wünschen. Kommt dir ein solches Gespräch bekannt vor?

Er sagt: »Wohin möchtest du zum Abendessen gehen?«

Sie sagt (im Stillen bereits wütend): »Warum fragst du mich das? Warum denkst du dir nicht selbst etwas aus? Warum gehst du mit mir nicht einfach dahin, wo ich gerne sein möchte?«

Er daraufhin: »Entschuldigung!« (Dabei fragt er sich zum x-ten Mal, was Frauen eigentlich wirklich wollen und warum er immer derjenige ist, der das wissen soll.)

Ihre aufbrausende Reaktion entspringt einem Strom unausgesprochener Wünsche – Frustration und Wut brechen aus ihr heraus.

Unterdrückte Gelüste wenden sich derweilen aber auch direkt gegen uns selbst. Wir essen zu viel, nehmen zu viele Medikamente, trinken zu viel Alkohol oder entwickeln andere Süchte. Es ist wirklich keine Überraschung, dass so viele Frauen übergewichtig sind. Wenn sie auf Gelüste stoßen, die sie auf eine gesellschaftlich akzeptable Art ausdrücken können, dann werden sie wild. Bulimie, Anorexie – das sind nicht gerade männliche Probleme, oder? Aber auf jeden Fall haben sie etwas mit Gelüsten zu tun.

Faszinierend ist jedoch, dass es auf einmal kein fehlgeleitetes Verhalten mehr gibt, wenn wir unsere wahren Wünsche erkennen und äußern. Außerdem steigern sich unsere Chancen zu bekommen, was wir wollen. Du gehst mit einem neuen Mann essen. Es ist ein schöner Abend, aber es ist das erste Date, deshalb bist du noch auf der Hut. Er sagt: »Was hältst du von einem Dessert?« Du sehnst dich nach dem Schokoladenmousse-Kuchen mit Schlagsahne, aber er soll bloß nicht denken, dass du eines Tages dick werden könntest oder dass du ein teures Date bist, deshalb lehnst du höflich ab, zumal auch er keinen Nachtisch bestellt. Du gehst aus dem Restaurant und sehnst dich insgeheim nach Schokolade. Er bringt dich nach Hause. Du küsst ihn auf die Wange, er geht, du blickst ihm heimlich aus dem Fenster hinterher, und kaum ist er ins Taxi gestiegen, rennst du zum

Kiosk an der Ecke und holst dir eine Packung Schokoladeneis. Am Ende bist du leicht unzufrieden mit dem Verlauf des Abends (und dir ist ein bisschen übel, weil du das komplette Eis aufgegessen hast). Und dabei wolltest du doch eigentlich nur ein kleines Stück Schokoladenkuchen. Wenn du dem Mann erlaubt hättest, dir den Kuchen zu bestellen, hättest du deinen Wunsch befriedigt, er hätte dich verwöhnen können, und ihr hättet beide das Date viel mehr genossen. Deshalb ist unser Projekt auch nicht, unsere heißen, drängenden Gelüste neu zu erfinden, sondern einfach in Kontakt mit ihnen zu bleiben. Vielleicht denkst du ja, dass du keine unerfüllten Wünsche hast, aber hör gut hin, Schwester. Sie sind nur ein Flüstern weit entfernt.

Wenn du darüber nachdenkst, was du willst, kann es passieren, dass dir zunächst gar nichts einfällt. Aber keine Angst, meine Lieben. Das hier ist erst Lektion 2. Wenn das der Fall ist, erfinde einfach etwas. Auch wenn es kein brennender Wunsch ist, kann es doch der erste Funke eines prasselnden Feuers sein. Es ist so, als würdest du deine Wunderlampe öffnen und diesen ersten Wunsch freilassen. Je mehr Übung du darin hast, desto mehr authentische Gelüste wirst du verspüren.

Die göttliche Schwester Camille jammerte zum Beispiel die ganze Zeit, sie habe keinen Partner, sie wolle aber einen Freund, doch die Jungs würden sie nicht mögen, und sie würde nie heiraten. Eines Tages ließen wir sie im Unterricht ein Spiel spielen. »Was wäre, wenn du wirklich gerne Single wärst?«, fragten wir sie. »Tu einfach so. Wenn du nun keine Eile hättest zu heiraten? Wenn du das *Jetzt* tatsächlich genießen würdest?« Der göttlichen Schwester Camille gefiel die Vorstellung nicht wirklich, aber sie war bereit, so zu tun als ob. Dabei stellte sie auf einmal fest, dass sie ihre Autonomie liebte. Sie genoss es, ihre Wohnung so einrichten zu können, wie sie es mochte. Sie ging gerne mit ihren Freundinnen aus oder zu Dates. Und es gefiel ihr, niemandem Rechenschaft ablegen zu müssen. Außerdem stellte sie fest, dass sie es mochte, etwas zum Jammern zu haben. Eigentlich fand sie das Leben ohne Freund gar nicht so schlimm. Sie hatte diese Haltung nur eingenommen, weil ihre Freundinnen so dachten.

Die göttliche Schwester Camille beschloss, ein Wochenende lang so zu tun, als ob sie alles hätte, was sie wollte. Sie ging zu einer Party und amüsierte sich prächtig. Einen Abend lang erlaubte sie sich, bewusst Single zu sein. Wahrscheinlich war sie die einzige Frau an diesem Abend, die keine Selbstzweifel hatte. Und was soll ich sagen, sie lernte auf der Party einen Mann kennen. Er überschlug sich fast, um an ihre Telefonnummer zu kommen. Schließlich ist eine Frau, die sich selbst liebt, ein seltener und faszinierender Anblick. Die göttliche Schwester Camille ging mit ihm aus, und sie verbrachten einen wundervollen Abend. Amüsiert stellte sie fest, dass der Mann, der sich so zu ihr hingezogen fühlte, in Chicago lebte, nicht in New York. Am nächsten Tag fuhr er wieder nach Hause. Ihre Begierde hatte den perfekten Mann für eine Frau angezogen, die nicht an einer Beziehung interessiert war – er lebte über 500 Meilen weit entfernt. Er versprach sie anrufen, wenn er nächsten Monat wieder in die Stadt käme. Die göttliche Schwester Camille fand das perfekt und keinen Moment zu früh.

Wir sollten nicht einfach davon ausgehen, dass das, was wir haben, falsch ist. Das macht uns und unsere Macht kleiner, erzeugt Falten, Unbehagen, Machtverlust, Appetitverlust, und es lähmt unsere Fähigkeit, das zu bekommen, was wir wollen. Wenn du dich mit dem zufriedengibst, was du hast, und darauf vertraust, dass es das ist, was du im Moment brauchst, dann kann unvorstellbar schnell ganz viel Neues passieren. Denn die Begierde zu wecken ist wie ein Tanz – ein Tanz zwischen der Liebe für das, was du hast, und dem Streben nach dem, was du dir wünschst. Du musst bereit sein zu glauben, zu wissen oder wenigstens so zu tun, als würdest du alles bekommen, was dein Herz begehrt, denn dann steht es »auf vollkommene Art und Weise unter einem guten Stern«, wie Autorin Florence Scovel Shinn sagt.

Welches Verhältnis eine Frau zu ihren Wünschen hat, hängt zum Teil von ihrer Bereitschaft ab, darin zu schwelgen. Wir haben nicht allzu oft die Gelegenheit, unsere Wünsche alleine oder in der Gesellschaft anderer Frauen zu erforschen. Also müssen wir uns Gelegenheiten schaffen.

Eine der ersten Aufgaben im Unterricht ist es, eine Wunschliste zu erstellen. Es macht Spaß, wenn man sich mit einer Tasse Tee gemütlich auf die Couch setzt oder tagsüber im Büro eine kleine Pause macht. Schreib alles auf, was du dir wünschst, vom winzigsten Wunsch (eine Nacht lang durchschlafen) bis hin zum größten (ein Schloss in Frankreich). Tausche dich mit ein oder zwei Freundinnen über eure Wünsche aus. Ihr werdet euch gegenseitig inspirieren, sodass das Feuer immer größer wird.

Auf deiner Reise zum Glück kann es tatsächlich ungeheuer wichtig sein, dir ein eigenes Netzwerk an göttlichen Schwestern zu schaffen. Die Frauen (und wenn es nur ein oder zwei sind) können dir nämlich bei einer weiteren Aufgabe helfen, dem sogenannten »Prahlen«. Wir machen das jede Woche im Unterricht. Jede Frau muss mit etwas prahlen, was ihr unter der Woche an Wundervollem passiert ist. Diese Übung hat zahlreiche Vorteile. Jede göttliche Schwester beginnt zu erkennen, was in ihrem Leben bereits gut ist. Sie fühlt sich immer wohler dabei, über ihre Wünsche zu sprechen und Erfüllung zu erfahren. Und ihr Prahlen inspiriert andere Frauen dazu, nach mehr zu streben, als sie es von alleine getan hätten.

Die göttliche Schwester Doris zum Beispiel schrieb einen Artikel für eine Zeitschrift, die sie sehr liebte. Als sie ihn einreichte, sagte sie dem Chefredakteur, sie hätte gerne einen Termin bei ihm, um mit ihm zu besprechen, ob er sie als Redakteurin einstellen könne. Er war einverstanden! Dieser mutige Schritt inspirierte eine andere göttliche Schwester, Stephanie, mit ihrer Entwurfsmappe zu einem berühmten Designer auf der Madison Avenue zu gehen, für den sie schon immer hatte arbeiten wollen, um dort nach einem Job zu fragen. Ihr war klar geworden, dass sie nicht einfach nur auf eine Gelegenheit warten durfte, sondern sie selbst schaffen konnte.

Wir inspirieren einander, indem wir die guten Dinge im Leben teilen. Wenn eine Frau die Leiter des Vergnügens hinaufsteigt, ermutigt sie die anderen hinter sich, ebenfalls einen Schritt zu wagen. Bilde eine Gruppe von Freundinnen, damit ihr eure Wünsche teilen und jede Woche prahlen könnt. Das ist dann dein Inspirationszirkel.

Damit eine Prahlgruppe Erfolg hat, müssen gewisse Regeln beachtet werden. Die Teilnehmerinnen dürfen *nur prahlen* – nicht jammern, nicht klagen, keine Vergleiche mit anderen ziehen und das eigene Prahlen nicht beurteilen oder kritisieren. Deine Prahlerei ist perfekt so, wie sie ist, auch wenn es vielleicht nur darum geht, dass du an einem harten Tag eine Pause gemacht und dir einen Cappuccino gegönnt hast. Die anderen Mitglieder des Prahlzirkels sind angehalten, darauf zu achten, wer nicht widerstehen kann, sich zu kritisieren. Diese Frauen müssen sofort unterbrochen und gebeten werden, sich stattdessen zu feiern.

Zu den Errungenschaften meiner Schule der weiblichen Künste, auf die ich am stolzesten bin, gehört die große Gemeinschaft der göttlichen Schwestern – auch du bist jetzt ein Mitglied. Der Nutzen liegt auf der Hand: Du spürst die Schwesternliebe unter Frauen und weißt, dass du die gemeinsame Stärke zum eigenen Vorteil nutzen kannst. Es ist so inspirierend zu sehen, wie Frauen sich untereinander zu Kreativität, Selbstbewusstsein und Enthusiasmus ermutigen. Frauen haben einander so viel zu geben. So viele waren schon an dem Punkt, an dem du jetzt stehst, und können dir die richtige Richtung zeigen. Wenn zum Beispiel meine älteren göttlichen Schwestern über ihre Menopause sprechen, können die jüngeren von ihren Erfahrungen profitieren. Wenn die jüngeren hingegen übers Flirten reden, werden die älteren inspiriert auszuprobieren, ob ihre Ausrüstung noch funktioniert – was sie natürlich tut.

Die Unterstützung, die eine energiegeladene Gruppe von Frauen einander geben kann, ist wirklich wundervoll. Ich habe in meinem Unterricht immer wieder erlebt, wie großzügig Frauen miteinander umgehen. Einmal erzählte die göttliche Schwester Meryl im Unterricht, dass sie sich bei der Verfolgung ihres Traums verausgabt habe und pleite sei. Sie hatte große Angst. An jenem Abend spendeten drei ihrer göttlichen Schwestern stillschweigend Geld, um Meryl aus der Klemme zu helfen. Wir haben einander bei Brustkrebs, Verlust der Eltern, Blinddarmentzündungen, Geburten, Trennungen, Hochzeiten, Scheidungen und Verlobungen beigestanden. Die göttlichen Schwestern treten sich gegenseitig in den Hintern, wenn eine nachlässig wird und zum Beispiel einen Job annimmt, den sie gar nicht will. Sie inspirieren einander, immer eifriger zu werden und aus jeder Situation noch mehr Freude herauszuholen.

Diese Gemeinschaft lebt natürlich auch außerhalb des Klassenzimmers (oder Wohnzimmers). Die göttliche Schwester Daphne ist zum Beispiel sehr gut darin, in Hotels Upgrades zu bekommen. Niemand kann das besser als sie. Selbst wenn sie in das winzigste Eckzimmer gebucht wird, übernachtet sie am Ende ohne jeden Aufpreis in der Präsidentensuite. Die göttliche Schwester Margaret wollte das auch. Sie reist viel und hat häufig das Gefühl, immer die schlechtesten Zimmer zu bekommen, selbst wenn sie viel dafür bezahlt. Sie und Daphne fuhren übers

Wochenende nach Boston. Sie stiegen im Copley Plaza ab und nutzten eines der speziellen Hausangebote. Daphne trat an die Rezeption. Sie wirkte stark und sicher und lächelte flirtend. Ohne Umschweife sagte sie: »Das können Sie doch bestimmt noch besser – auch wenn Sie es nicht müssen.« Die göttliche Schwester Margaret schaute sich ihr Verhalten ab, und bei ihrer nächsten Reise bekam sie ihr erstes Upgrade!

Ob nun mit oder ohne Göttinnen-Netzwerk, irgendwann musst du deine Begierden draußen in der Welt alleine stillen. Es kostet Mut und Zuversicht, an seinen Wünschen festzuhalten. Die göttliche Schwester Jillian ist eine meiner Frauen, die ihren inneren Wünschen sogar dann folgte, als dazu Schritte erforderlich waren, die auf den ersten Blick nicht besonders klug wirkten. Jillians großer Traum war es, in New York auszustellen. Deshalb lehnte sie sogar ein Angebot ab, ihre Bilder auf einer Kunstmesse in Europa zu zeigen. Jillian tat dies, um sich ganz auf New York zu konzentrieren. Alle rieten ihr, die Chance in Europa zu ergreifen, aber sie lehnte ab, obwohl sie kein anderes Angebot hatte. Einen Monat später aß Jillian mit ihrem Freund in einem Restaurant zu Abend, wo ihr ein paar einflussreiche Leute aus der New Yorker Kunstszene begegneten. Sie boten ihr eine Solo-Ausstellung in einer angesehenen Galerie auf der Madison Avenue an. »Frage und dir wird gegeben«, kann Mama da nur sagen!

Hätte Jillian das Angebot der Kunstmesse in Europa angenommen, dann wäre sie zu diesem Zeitpunkt gerade dort gewesen. Jillian musste Mut aufbringen, um das Angebot abzulehnen und sich weiter an die Macht ihrer Wünsche zu klammern. Aber sie schaffte es, und jeder, der sich genauso verhält, wird feststellen, dass es Wunder bewirkt, wenn man seinen wahren Wünschen folgt – immer.

Leute, die dir erklären, dass das, was du willst, nie passieren wird, mögen dich vielleicht verunsichern. Du musst gegen das Gefühl ankämpfen, dass dein Wunsch falsch, sündig, ungerechtfertigt, egoistisch oder einfach nur schlecht ist. Bevor wir stolz sein können auf unsere Wünsche – das, was uns definiert –, sind sie den meisten von uns erst einmal peinlich.

Mama zeigt dir ein paar Übungen, damit du mit deinen Wünschen und all der Macht, die dazugehört, um sie umzusetzen, in Kontakt treten kannst. Du wirst lernen, dass es erhebend und bereichernd ist, dich deinen wahren Wünschen hinzugeben – genau wie ein Spaziergang am Strand bei Sonnenuntergang. Deine Wünsche zu ignorieren und gesellschaftlichen Standards nachzugeben ist, als stündest du im Berufsverkehr Stoßstange an Stoßstange auf dem Long Island Expressway. Mit diesem Buch als Anleitung sparst du dir eine ganze Menge Zeit auf dem Weg zum Strand.

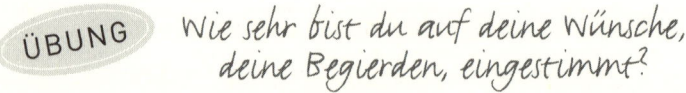

ÜBUNG Wie sehr bist du auf deine Wünsche, deine Begierden, eingestimmt?

Diese Übung zeigt dir, wie frei deine Gelüste fließen, wie oft du sie erkennst und wie oft du wirklich verfolgst, worauf du Lust hast. Lies die folgenden Fragen und entscheide dich jeweils für Antwort A, B oder C. Am Ende findest du die Bewertung deines persönlichen Begierde-Bewusstseins.

1. **Wenn ich mit einem neuen Mann beim Essen im Restaurant wäre, würde ich ...**
A. ... mich verhalten wie Scarlett O'Hara – zu Hause essen, damit ich nur Salat und ein Wasser zu bestellen brauche und deshalb zart und leicht zu unterhalten wirke.
B. ... mir die Speisekarte anschauen und mir dann ein Pasta-

Gericht in mittlerer Preislage bestellen, damit ich sein Budget nicht überstrapaziere.

C. ... mir etwas gönnen, beide Vorspeisen bestellen, die ich gerne hätte, danach den Hummer und schließlich eine Zusammenstellung aller drei Desserts, die mich auf der Karte anlachen.

2. Wenn mich jemand fragt, was er mir schenken könnte ...

A. ... fällt mir nichts ein, und ich starre ihn an wie ein Reh im Scheinwerferlicht.

B. ... überlasse ich es dem Schenkenden und sage: »Was du denkst.«

C. ... zeige ich ihm meine Wunschliste und nehme ihn mit zu Tiffany's, um ihm meine Lieblingsdinge zu zeigen.

3. Wenn ich an meinen Job denke ...

A. ... breche ich beinahe in Tränen aus. Es ist ja nicht so, dass ich gleichgültig oder desinteressiert an dem wäre, was ich tue, aber ich finde einfach nichts, was mir gefällt.

B. ... denke ich, dass er nur Mittel zum Zweck ist, um die Rechnungen zu bezahlen, bis ich weiß, was ich wirklich will.

C. ... bin ich unendlich dankbar und begeistert, diese Arbeit tun zu dürfen – so sehr, dass ich sogar für ihn *bezahlen* würde.

Wenn du A gewählt hast: Du hast Angst vor deinen eigenen Wünschen. Für dich können die Portionen gar nicht klein genug sein. Von dieser Diät kann aber keine göttliche Schwester leben.

Wenn du B gewählt hast: Du hast den Verdacht, dass es mehr gibt im Leben, aber du weißt nicht, wie du es erreichen kannst, ohne vulgär zu erscheinen.

Wenn du C gewählt hast: Du verstehst, dass das größte Geschenk, das du der Welt geben kannst, ein zufriedenes *Du* ist. Du bist eine wahre göttliche Schwester!

ÜBUNG   *Prahlen*

Mit dem Guten in deinem Leben zu prahlen, vor allem mit deinen erfreulichen Leistungen, setzt nicht nur deine Wünsche frei, sondern entfacht auch bei anderen Frauen das Feuer der Begierde. Mama sagt, du kannst nie zu viel prahlen, und wenn du bist wie die meisten Frauen, dann prahlst du noch nicht annähernd genug. Diese Übung hilft dir dabei, Prahlen in dein weibliches Repertoire aufzunehmen.

Die Idee dabei ist, dass du dein Leben betrachtest, dir etwas aussuchst, was du gut findest, und es mit einer Freundin teilst. Ermutige sie, das Gleiche mit dir zu tun. Du kannst damit prahlen, dass du dir mitten in einem anstrengenden Arbeitstag eine Maniküre oder eine Pause für einen Cappuccino gegönnt hast. Vielleicht warst du auch brillant bei der Vertriebssitzung, oder du hast ausgiebig mit deinem Installateur geflirtet. Eine meiner göttlichen Schwestern prahlte einmal damit, dass sie eine Airline dazu gebracht hatte, den Flieger auf sie warten zu lassen, weil sie noch Erotik-Magazine kaufen musste, die sie während des Flugs lesen wollte. Eine andere hatte in derselben Woche mit *magna cum laude* in Jura promoviert. Ihr inspiriert euch gegenseitig, wenn ihr mit euren kleinen oder großen Leistungen prahlt. Eine meiner Göttinnen hatte fantastischen Sex mit ihrem Mann, nachdem sie sechs Monate getrennt gewesen waren. Das inspirierte zwei andere Göttinnen zu ähnlichen Nächten ehelicher Lust. Wir können einander zu ungeahnten Höhenflügen antreiben, wenn wir ständig prahlen. Am besten machst du diese Übung täglich, mindestens jedoch einmal wöchentlich. Wenn du über das Gute sprichst, kann dir noch mehr Gutes passieren. Das ist eine tolle Methode, wahre Begierden zu unterstützen und zu vergrößern.

ÜBUNG *Frühjahrsputz*

Du wirst diese Übung häufig machen wollen, um deinen geistigen Schrank von all den Staubschichten, Flusen und anderem Müll zu befreien, der sich in einem Leben voller unerfüllter Träume und Wünsche so ansammelt. Wenn du deinen Schrank nicht aufräumst – sprich, dich von allen Kleidern befreist, die dir nicht mehr passen, den Sachen, die du beim Ausverkauf erstanden, aber niemals angezogen hast, den alten Schätzchen, die zu verschlissen sind, um sie noch in der Öffentlichkeit zu tragen –, dann ist kein Platz für schöne, neue Sachen. Wenn dein Schrank zu voll ist, verlierst du vielleicht sogar die Lust, einkaufen zu gehen, weil du einfach keinen Platz mehr hast. Vielleicht entdeckst du beim Aufräumen ja auch hübsche Sachen, die du ganz vergessen hast. Oder Sachen, die einmal hübsch waren, es aber jetzt nicht mehr sind, weil sie nie getragen wurden. Diese Übung räumt in deinem Kopf auf, sodass du offen und empfänglich wirst für neue Wünsche. Du kannst diese Übung alleine machen – vor einer Wand –, mit einem Partner oder mit einer kleinen Gruppe von Freunden. Befolge meine Anweisungen, und du kannst dein Göttinnen-Training frei und unbeschwert beginnen – wie ein unbeschriebenes Blatt Papier, auf dem du all deine neu erkannten Wünsche und Gelüste notierst.

Frühjahrsputz alleine

Eine göttliche Schwester stellt sich mit lauter Stimme Fragen, die sie dann auch selbst beantwortet. Zum Beispiel:

Frage: »Was fällt dir bei ›Wünschen‹ ein?« (Diese Frage ist immer dieselbe und wird einfach und ohne besonderen Ausdruck gestellt.)
Antwort: »Ich habe keine Ahnung, was ich mir wünsche.«
Frage: »Was fällt dir bei ›Wünschen‹ ein?«
Antwort: »Ich weiß noch, als ich drei war, habe ich mir eine pinke Haarschleife gewünscht, und meine Mutter hat mich dafür kritisiert.«
Frage: »Was fällt dir bei ›Wünschen‹ ein?«
Antwort: »Jetzt im Moment hätte ich gerne eine Schokoladenbrezel.«

Frühjahrsputz mit einer Freundin (die beste Methode, um diese Übung durchzuführen)

Zuerst solltet ihr euch beide darüber einig sein, dass ihr das, was ihr in dieser Übung sagt, streng vertraulich behandelt, damit ihr frei eure Wünsche entfalten könnt. Dann setzt euch einander gegenüber, entweder in einem Café oder an einem privaten Ort. Eine göttliche Schwester stellt der anderen fünfzehn Minuten lang immer wieder dieselbe Frage. Die andere göttliche Schwester antwortet. Dann tauschen sie die Rollen. Zum Beispiel so:

Göttliche Schwester 1: »Was fällt dir bei ›Wünschen‹ ein?«
Göttliche Schwester 2: »Ich habe das Gefühl, ich begehre meinen Freund mehr, als er mich.«
Göttliche Schwester 1: »Danke.«

Göttliche Schwester 1: »Was fällt dir bei ›Wünschen‹ ein?«

Göttliche Schwester 2: »Als wir gestern Abend zusammen waren, hat er sich geweigert, mit mir zu schlafen.«

Göttliche Schwester 1: »Danke.«

Göttliche Schwester 1: »Was fällt dir bei ›Wünschen‹ ein?«

Göttliche Schwester 2: »Ich liebe meine neuen pinken Schuhe, die ich mir heute gekauft habe.«

Göttliche Schwester 1: »Danke.«

Frühjahrsputz mit einer Gruppe

Wenn drei oder mehr göttliche Schwestern an dieser Übung teilnehmen, übernimmt eine von ihnen die Rolle der Beobachterin. Sie geht im Zimmer herum und fragt jede Göttin: »Was fällt dir bei ›Wünschen‹ ein?« Am Ende der Übung übernimmt eine andere göttliche Schwester ihre Rolle und fragt auch sie. Die Übung sollte mindestens zwanzig Minuten lang dauern. Ihr werdet euch frei und energiegeladen fühlen, wenn jede ihren Schrank aufgeräumt hat.

ÜBUNG   Die Wunschliste

In meinem Unterricht lasse ich jede göttliche Schwester eine ausführliche Wunschliste schreiben. Jetzt bist du an der Reihe. Es ist ganz einfach. Nimm ein Blatt Papier und einen Stift. Schreib alles auf diese Liste, was dein Herz begehrt – vom rosa Pyjama bis hin zur Rückenmassage, einem Helikopterflug, einem Strandspaziergang, Sex im Freien, einer Heirat (oder auch einer Scheidung), dem Wunsch, ein Star zu sein, einen Orgasmus zu haben, ein Hörnchen mit Schokoladeneis zu essen – alles, alles, alles, was du willst, vom Kleinsten bis hin zum Größten. Wenn du (für den Moment) mit der Liste fertig bist, häng sie irgendwo auf, wo du sie gut sehen kannst – an die Kühlschranktür zum Beispiel oder an deine Schlafzimmertür. Auf diese Art und Weise sehen auch andere Leute, was du dir wünschst, und können es dir schenken.

Überprüfe deine Liste einmal im Monat und bring sie auf den neuesten Stand. Wenn du etwas bekommst, was auf deiner Liste steht, schreib »Danke, _____!« an die Person, die dir den Wunsch erfüllt hat. Du wirst überrascht sein, wie schnell deine Wünsche Wirklichkeit werden!

Unsere Wünsche sind das Beste an uns. Ihnen nachzugeben gibt jedem von uns Zugang zu einem Leben voller Abenteuer, Möglichkeiten und großer Freude. Wer keine Begierden hat, lebt nicht. Um eine wahre göttliche Schwester zu werden, musst du deine Gelüste erkennen und feiern können. Hoffentlich hat Lektion 2 dir dabei geholfen, deine Wünsche klarer zu erkennen. In der nächsten Lektion lernst du, deine Wünsche ein Leben lang zu verfolgen und weiterzuspinnen.

LEKTION 3

Die weibliche Kunst, immer und unter allen Umständen Spaß zu haben

Eine unbändige Leidenschaft für Vergnügen
ist das Geheimnis ewiger Jugend.
OSCAR WILDE

Nachdem wir nun festgestellt haben, wie wichtig deine Gelüste sind, wollen wir den fruchtbaren Boden schaffen, auf dem wir sie hegen und pflegen können. Wünsche werden genährt von Freude und Übermut. Jede im Überschwang ausgeführte Aktivität steigert deine Lust auf Glück. Meine Aufgabe als Schwester und Göttin ist es, bei deinen trüben Stimmungen anzusetzen. Ich helfe dir dabei, große Hindernisse in deinen langweiligen Tag einzubauen, damit du darüber stolperst und dich daran erinnerst, was für eine fröhliche Frau du eigentlich bist. Ich möchte, dass du Vergnügen und Unordnung in deinen Alltag einbaust, einfach nur um zu sehen, was dadurch losgetreten wird. Mama zeigt dir, wie du das gute Porzellan herausholen und dich selbst auf einem Silbertablett präsentieren kannst, ob du nun im Büro oder zu Hause bist. Mach ein bisschen Unsinn mit mir. Ich verspreche dir, es tut auch nicht weh. Und es geht um eine wirklich gute Sache.

Wenn du das hier liest und feststellst, dass du völlig vergessen hast, wie es ist, Spaß zu haben, oder dir kaum etwas einfällt, was dir im Leben Vergnügen bereitet, sei unbesorgt. Die meisten meiner göttlichen Schwestern haben unglaublichen Hunger auf Spaß, wenn sie in Mamas Schule kommen. Und ich habe vor, die Mädels in unserer gemeinsamen Zeit mit Spaß vollzustopfen – sie zu zwingen (manchmal gegen ihren Willen), viel mehr Spaß zu haben, als sie jemals für möglich gehalten hätten, sich viel mehr Freude zu gönnen, als sie glauben, verdient zu haben.

Ich weiß, die meisten von euch haben in Sachen Spaß von trocken Brot und Wasser gelebt, und ihr fragt euch, warum ihr euch lustlos und alles andere als ekstatisch fühlt. Wenn man sich falsch ernährt, hat man bald keine rosigen Wangen mehr. Wenn jedoch meine Göttinnen anfangen, sich etwas zu gönnen (wobei von Gönnen eigentlich nicht die Rede sein kann – es handelt sich eher um eine tägliche Mindestdosis), dann bekommen sie auf einmal so ein »Leuchten«. Sie sehen, nun ja … besser aus. Wie mit Tau besprenkelt. Du weißt, was ich meine – wenn du gerade eine wundervolle sinnliche Begegnung hattest, du trägst Jeans und ein T-Shirt, bist nicht geschminkt und hast dir vielleicht noch nicht einmal die Haare gekämmt, aber du siehst großartig aus, fühlst dich fantastisch, und jeder sieht es dir an. Meine göttlichen Schwestern bekommen dieses Leuchten. Und auch du wirst leuchten. Aber nur, wenn du auf deinen Spaß achtest.

Lust, Spaß und Vergnügen (ich mache keinen Unterschied zwischen diesen Wörtern) sind das Geheimnis eines erfüllten Lebens, aber ihnen zu frönen ist eine Kunst, die zu ignorieren man uns gelehrt hat. Wir glauben allen Ernstes, dass wir Spaß und Lust finden werden, wenn wir gut aussehen und hart arbeiten. Ha!

Mama will dir helfen, gegen diese Konditionierung anzugehen, damit du beginnst, auf deinen Instinkt zu achten – wie ein Lachs, der stromaufwärts schwimmt, um zu laichen. Mama will dich die Kunst lehren, Spaß in deinen Tag zu bringen, und wenn dir das gelingt, bringst du dich selbst zum Leuchten. Du wirst eine herausragende Frau sein, die für ihre Aura, ihre Klarheit und ihre Ausstrahlung wahrgenommen wird. Dieses Leuchten macht alle Frauen schön, ganz egal, wie alt sie sind, was für eine Figur sie haben oder wie gebildet sie sind. Um zu strahlen, kann man sich vielleicht Facelifts, Fettabsaugungen oder Implantate machen lassen, aber dieses ganz besondere Leuchten bekommt man durch keinen chirurgischen Eingriff. Es kommt von der inneren Zustimmung, nicht von Missbilligung. Lust und Spaß schaffen die Umgebung, in der Selbstachtung und Selbstanbetung gedeihen.

Du willst leuchten? Dann musst du Spaß haben! Das ist eine einfache Gleichung, meine Schönen. Es ist toll, hart zu arbeiten, aber harte Arbeit ohne Spaß ist leer und bedeutungslos. Und bei Spaß geht es auch nicht immer nur um heiteres Schenkelklopfen und lautes Lachen. Es geht um jede Erfahrung, die dich unterhält und packt. Manchmal ist es ein Film, der so traurig ist, dass du weinst wie ein Baby. Wenn ich diese Art von Spaß haben will, leihe ich mir immer *Der Postmann* oder *Ein charmantes Ekel* aus. Eine ehrenamtliche Tätigkeit in einem Seniorenheim kann ebenfalls ein Vergnügen sein. Spaß ist, so viel Zeit zu haben, dass du ins Museum gehen und stundenlang ehrfürchtig vor deinem Lieblingsgemälde sitzen kannst. Oder einem Marathon zuzuschauen und vielleicht sogar selbst mitzulaufen. Spaß kann sein, neue Kleider anzuprobieren oder ein schwieriges, aber wichtiges Gespräch mit einer Freundin zu führen. Musik hören. Genau das essen, was du willst. Du verstehst schon – jeder kann seinen Spaß selbst definieren, genau so, wie es ihm gefällt. Du kannst ihn auch jeden Tag neu definieren, wenn du willst.

Die meisten von uns sind daran gewöhnt, keinen Spaß zu haben und sich nicht auf ihr Vergnügen zu konzentrieren. Aber wir können unseren Fokus verändern. Wir können beginnen, Lust zu einem unserer Ziele zu machen. Klingt einfach, oder? Ist es aber nicht. Es ist vielleicht einfach, das Ziel zu identifizieren – aber dein Leben neu zu entwerfen, damit Lust und Spaß an erster Stelle stehen, ist schrecklich schwierig. Mark Twain sagte einmal: »Du kannst eine Gewohnheit nicht aus dem Fenster werfen. Du musst sie vorsichtig die Treppe hinuntertragen.« Aus diesem Grund dauert der Unterricht an meiner Schule der weiblichen Künste auch sieben Wochen pro Kurs. So kann sich jede göttliche Schwester langsam daran gewöhnen, Selbstleugnung aufzugeben und Lust und Spaß zu Prioritäten in ihrem Leben zu machen. Wenn du dieses Buch liest, solltest du dir genauso viel Zeit nehmen oder sogar länger, wenn du sie brauchst. Sei nicht ungeduldig. Gib dir Raum, dich zu verändern. Vergnügen ist eine Gewohnheit, so wie harte Arbeit eine Gewohnheit ist. Denk daran, eine Gewohnheit zu verändern, egal, ob sie gut oder schlecht ist, braucht Zeit und Anstrengung.

Wenn du ein tolles Leben voller Abenteuer und Spannung führen willst, dann begib dich langsam auf das unbekannte Territorium des Spaßes und des Vergnügens. Hör ein bisschen früher auf zu arbeiten, um einen Kurs zu besuchen, den du gerne machen möchtest, oder um mit einer Freundin rasch etwas trinken zu gehen. Stell frische Blumen auf deinen Schreibtisch, mach Pause und hol für dich und deine Kollegin Kaffee. Geh in der Mittagspause zum Shoppen, ins Fitnessstudio oder zur Maniküre. Setz dich in den Park und lies ein Buch, während du dein Sandwich isst. Hör Musik, um dich zu inspirieren. Trink Tee aus einer teuren Porzellantasse. Und vor allem: Unterhalte dich gut.

Du solltest aber auch darauf vorbereitet sein, dass man dich kritisieren wird, weil du Spaß hast. Aber mach dir nichts daraus, da bist du nicht die Erste. Mae West kam ins Gefängnis, als ihr

Bühnenstück *Sex* aufgeführt wurde. Ingrid Bergman wurde aus Hollywood verbannt, weil sie eine Affäre mit Roberto Rossellini hatte. Picasso, der sich ständig neu erfand, wurde von der Kunstgemeinde heftig für sein erstes kubistisches Gemälde kritisiert. Die Kritiker dachten, er habe den Verstand verloren, dabei folgte er nur seinem Herzen. Folge deinen inneren Wünschen – und wer weiß, vielleicht löst du ja eine Bewegung aus, an die man sich noch lange nach deinem Tod erinnern wird!

Du brauchst nicht darüber nachzudenken, was dabei herauskommt. Dein Kurs soll einzig und allein von Spaß bestimmt werden, und damit steckst du schon mitten im Abenteuer. Um dir zu helfen, habe ich (am Ende dieser Lektion) ein paar Übungen entwickelt, die dich bei deiner Reise unterstützen und dir helfen, Kurs zu halten. Was dir wehtut und dich enttäuscht, weißt du bereits – nun wirst du lernen zu erkennen, was dir Freude macht. Um deinem Vergnügen zu folgen, brauchst du nur ein bisschen Übung.

Lass uns mal mit dem Thema Arbeit beginnen. Wir verbringen unser ganzes Leben damit, Dinge zu tun, die uns tolle Zeiten ermöglichen sollen, aber tatsächlich führt uns das nur zu noch mehr Arbeit, Altern, Stress und Erschöpfung. Wenn du meine Aussage anzweifelst, dann beantworte mir doch folgende Frage: Ist dein Chef jemals in dein Büro gekommen und hat gesagt: »Tolle Arbeit. Wollen Sie heute nicht früher nach Hause gehen und sich eine Kosmetikbehandlung oder eine Ganzkörpermassage gönnen?« Nein? Das habe ich auch nicht im Ernst angenommen. Ganz zu schweigen davon, dass wir ein schlechtes Gewissen hätten, wenn wir das Büro deswegen so früh verlassen würden. Na los, gib es zu! Aber ich garantiere dir: Wenn du deinen Job für eine Kosmetikbehandlung oder eine Ganzkörpermassage unterbrechen würdest, könntest du anschließend bessere Arbeit leisten. Du würdest dich gepflegt, strahlend und erfrischt fühlen – wie eine Göttin –, und mit klarem Kopf und voller Eifer ins Büro zurückkehren. Aber da unser Arbeitsleben nun einmal so ist, wie es ist, müssten sich die meisten von uns eine Ausrede einfallen lassen, wenn sie mitten am Tag eine solche Verwöhnpause einlegen wollten – ungeachtet der Tatsache, dass alle davon profitieren würden. Ja, am liebsten sähe man es wohl, wir würden die Mittagspause durcharbeiten und bis spätabends und am Wochenende am Schreibtisch sitzen. Niemand ermutigt uns, Spaß zu haben oder einmal für eine Zeit lang gar nichts zu tun. Das ist der neue Lebensstil, obwohl jeder weiß, dass einem die besten Ideen im Urlaub kommen. Habe ich recht, oder habe ich recht?

Wir sind unter Schmerzen, nicht unter Lust entwöhnt worden. Kein Wunder, dass du ein schlechtes Gewissen hast, wenn du den ganzen Tag zu Hause bleibst, im Bett liegst und Süßigkeiten isst. In unserer Kultur darfst du nur dann im Bett liegen, wenn du krank bist. Wir fühlen uns schlecht und komisch, wenn wir zu viel Spaß haben, weil wir nicht daran gewöhnt sind. Es fällt dir leichter, mit dem Chef über die schlimme Grippe zu sprechen, die du gerade hattest, als mit deinem Freund über die neuesten Sexspielchen zu diskutieren. Und dabei wissen wir doch alle, was *mehr* Spaß macht.

Wir können dem Vergnügen deshalb so effektiv widerstehen, weil die meisten von uns eine komische innere Stimme haben, die behauptet, wenn wir nur hart genug arbeiten würden, hätten wir eines Tages auch Spaß. Wir scheinen zu erwarten, dass uns eines Tages, nach all der Arbeit, eine Fee erscheint, die zu uns sagt: »Mach mal eine Pause, Schwester! Gönn dir eine Woche Urlaub in einem Spa deiner Wahl! Du hast es dir verdient!« Meine Lieben, ihr seid schon längst gestorben (oder zumindest in Ohnmacht gefallen), bis die Fee bei euch auftaucht! Wir müssen uns selbst ein Krönchen aufsetzen, den Zauberstab in die Hand nehmen und unsere eigene Pausenfee werden!

Sowohl harte Arbeit als auch das Ausleben von Spaß führen zu Erfolg: Wenn es dein Ziel ist, dir Freude zu bereiten und Spaß zu haben, wird sich der Erfolg jedoch wie von selbst einstellen. Wenn du erfolgreich sein willst, aber dabei den Spaß außer Acht lässt, dann sinken deine Chancen, das Leben zu genießen. Möchtest du nicht lieber die Chancen auf ein glückliches Leben steigern? Ich habe viele Frauen erlebt, die genau das tun. Du könntest dich ihnen anschließen. Die Entscheidung liegt bei dir.

Nimm zum Beispiel die göttliche Schwester Patricia, eine Anwältin. Sie mochte ihren Job, arbeitete aber viel zu viel in ihrer erfolgreichen Anwaltskanzlei. In der letzten Zeit wirkte sie ein wenig erschöpft und ideenlos, die Bedürfnisse ihrer Mandanten wurden ihr zu viel, und sie hätte schrecklich gerne Besuch von der Pausenfee bekommen. Aber Patricia vertrat die Philosophie, dass die Bedürfnisse ihrer Mandanten immer an erster Stelle kommen. Als sie entdeckte, was passierte, wenn sie auch ihren eigenen Spaß nicht außer Acht lässt, war sie überrascht.

Zu Beginn des Göttinnen-Trainings lernte Patricia die notwendigen Techniken, um ihre Spaßquote in ihre Arbeitsgleichung einzubringen. Sie gelobte, jeden Tag eine vergnügliche Sache für sich selbst zu machen. Als Patricia erst einmal Geschmack daran gefunden hatte, konnte sie nichts mehr von ihrem Streben nach Zufriedenheit abhalten. Sie kaufte sich neue Haarspangen, besorgte sich einen bequemeren Stuhl, streifte während ihrer Mittagspause durch die Buchhandlungen. Sie achtete auch mehr darauf, wann Sitzungen begannen und endeten, damit sie nicht nur in den Zeitplan ihrer Mandanten, sondern auch in ihren eigenen passten. Für ihre Angestellten ließ sie Muffins und Cappuccino kommen, damit die Personalsitzungen mehr Spaß machten. An manchen Tagen verdrückte sie sich sogar in der Mittagspause, um im Fitnessstudio zu trainieren. Sie kleidete sich sexy und trug auch mal rote Pumps, wenn ihr danach zumute war. Außerhalb der Arbeit plante sie schöne Aktivitäten wie ein Abendessen mit Freunden oder einen Besuch im Kino oder im Museum. Sie fand sogar genügend Zeit, um sich einen lebenslangen Traum zu erfüllen und große Schwester und Patin für ein Kind zu werden. Bald drehten sich Patricias Tage nur noch um ihre vergnüglichen Erfahrungen, während sie die Bedürfnisse ihrer Mandanten darum herum einpasste. In Hinblick auf Arbeit und Vergnügen hatte sich ihr Leben um 180 Grad gedreht.

Als Ergebnis wurde Patricia nicht nur effizienter, sondern verdiente auch mehr Geld. Ihre Mandanten waren lieber mit ihr zusammen, da es unterhaltsam war und die Arbeit schnell und angenehm erledigt wurde. Sie empfahlen Patricia an ihre Freunde und Geschäftspartner, da sie nicht nur ihren Job hervorragend mache, sondern es auch noch ein Vergnügen sei, mit ihr zusammenzuarbeiten.

Als »Sahnehäubchen« stellte Patricia fest, dass sie mehr Zeit und Energie für Dates hatte, die sie mit vollen Zügen genießen konnte. All das war darauf zurückzuführen, dass sie ihre Reserven wieder aufgeladen hatte. Da sie mehr Spaß empfand, zog sie auch mehr Männer an. Sie sah jünger aus, fühlte sich besser und war glücklicher als je zuvor. Am Ende hätte man sie sogar für die Pausenfee persönlich halten können. Das klingt gut, nicht wahr? Weißt du was? Du könntest dich ihr anschließen.

Meine Lieben, mehr Glück findet man nur, wenn man den Garten der eigenen Wünsche pflegt. So wie Samen Erde, Sonne und Wasser brauchen, um zu gedeihen, braucht deine Lust Unterstützung, um wirklich zu wachsen. Die besten Dünger für deine sprießenden Wünsche sind Spaß und Vergnügen – sie sind vollkommen natürlich, und du kannst sie gar nicht überdosieren. Deshalb genieße sie täglich, dein ganzes Leben lang. Wenn du als göttliche Schwester in der Ausbildung auf deinen Spaß und dein Vergnügen achtest, wirst du frecher und selbstbewusster werden und schon bald viel deutlicher machen können, was du willst. Und genau deshalb wirst du es auch bekommen.

Vor Kurzem bin ich vom *Sri Lankan Daily Mirror* interviewt worden. Der Reporter fragte mich, wie meine Botschaft für die Frauen in Sri Lanka laute. Meine Botschaft für sie ist die gleiche wie für alle Frauen: Es ist an der Zeit, euch zuerst um euch selbst zu kümmern! Die meisten Frauen glauben, erst dann an der Reihe zu sein, wenn sie sich um ihre Jobs, ihre Ehemänner und ihre Familien gekümmert haben. Um eine göttliche Schwester zu sein, musst du dich aber als Erstes um dich selbst kümmern. Erst dadurch gewinnst du die innere Klarheit, die innere Kraft und die innere Freude, um dich auch um andere kümmern zu können. Sich selbst Freude zu bereiten ist die einzige Antwort auf unser persönliches Glück und unser Glück in Partnerschaft oder Familie.

Lasst uns also über die Kunst reden, zu Hause Spaß zu haben. Zur Inspiration betrachten wir den Fall der göttlichen Schwester Rachel, einer gestressten und überarbeiteten Frau in den Zwanzigern, Mutter von drei Jungs, Ehefrau und Immobilienmaklerin. Als ich die junge Frau aus Fort Lee, New Jersey, kennenlernte, rannte sie nach der Arbeit zur Kita, kaufte fürs Abendbrot ein, kochte das Abendessen, putzte das Haus – du weißt, was ich meine. Ihr Mann, Zahnarzt in Fort Lee, war zwar ein netter Kerl, wusste aber nicht, wie er seiner Frau mehr helfen oder sie glücklicher machen konnte. Seit der Geburt ihres jüngsten Sohnes vor anderthalb Jahren hatten sie keinen Sex mehr gehabt. Dafür blieb einfach keine Zeit, ebenso wenig wie für ein gutes Gespräch. Aber Rachel und ihr Mann machten immer weiter so, weil sie glaubten, das müsse so sein. Dann hörte Rachel von meinem Unterricht und meldete sich an.

In den ersten drei Wochen ihres Trainings der weiblichen

Künste weinte die göttliche Schwester Rachel nur. Doch dann beschloss sie, nicht mehr traurig sein zu wollen, und begann, etwas in ihr Leben zu holen, worüber wir im Unterricht viel redeten, nämlich Vergnügen. Als Erstes engagierte sie einen Babysitter und nahm sich einen Tag frei. Das hatte sie zuvor noch nie getan. Früher hatten sie immer nur dann einen Babysitter, wenn sie und ihr Mann beide arbeiten mussten. Als der Babysitter da war, fuhr die göttliche Schwester Rachel ins Einkaufszentrum. Sie kaufte Bettwäsche für das Babybettchen, um den kleinen Kerl aus dem Elternschlafzimmer in das Zimmer seiner großen Brüder umzusiedeln. Sie ging zur Maniküre und zur Pediküre. Sie kaufte sich Unterwäsche und ein sexy neues Kleid. Sie ging beim Friseur vorbei und ließ sich die Haare machen.

Als Rachel nach Hause kam, fühlte sie sich fabelhaft. Sie bezog das Babybett mit der neuen Bettwäsche und nahm ein Bad. Den Babysitter schickte sie nicht weg, obwohl sie wieder zu Hause war, da sie den Abend nur mit ihrem Mann verbringen wollte. Als er nach Hause kam, hatte Rachel Kerzen angezündet, Musik aufgelegt und trug die scharfe Unterwäsche, die sie gerade gekauft hatte. Junge, Junge, Rachels Mann war vielleicht überrascht! Die beiden hatten die romantischste, heißeste Nacht, seit sie sich kennengelernt hatten. Die göttliche Schwester Rachel hatte zuvor nie sexy Wäsche gekauft, weil ihr Mann immer sagte, er stünde nicht besonders darauf. An diesem speziellen Abend entdeckte sie jedoch, dass die seidene Wäsche sie erregte, und das machte auch ihn an.

Manchmal fühlen sich Männer bedroht, wenn wir den Weg unseres Vergnügens einschlagen. Dabei müssten sie gar keine Angst haben, denn seit es Männer und Frauen gibt, war stets die Intensität weiblicher Wünsche der entscheidende Faktor im Leben. Wenn wir Frauen von unseren wahren Wünschen abweichen, nehmen wir für gewöhnlich den Partner oder die Familie mit uns in das Tal der Enttäuschung. Wir haben eine unglaubliche Macht, Großes zu erschaffen, aber wenn wir nicht unseren wahren Wünschen folgen, entsteht daraus nur Bitterkeit und Wut. Viel Wut. Wenn eine Frau jedoch bekommt, was sie will, trägt sie für gewöhnlich dazu bei, dass es auch den anderen um sie herum gut geht. Rachels Mann läuft mittlerweile durchs Haus und sagt »Danke, Mama Gena«, obwohl wir uns gar nicht kennen.

Die göttliche Schwester Rachel führte zwar auch vorher eine gute Ehe und hatte einen schönen Beruf. Aber in Wirklichkeit hatten sie und ihr Mann kein bisschen Spaß. Als Rachel beschloss, ihr Vergnügen an die erste Stelle zu setzen, wurde alles lustiger – sie konnte ihre Familie genießen, entzündete die Flamme der Leidenschaft aufs Neue und wurde sogar erfolgreicher im Job. Rachel achtet jetzt immer auf ihr Vergnügen, und sie und ihr Mann sind viel glücklicher.

Für ihr eigenes Vergnügen zu sorgen brachte sie nicht nur auf befriedigende Art und Weise wieder näher mit ihrem Mann zusammen, sondern hatte auch Auswirkungen auf ihr Berufsleben. Sie war immer schon erfolgreich gewesen, aber sie war in ihrem Job als Immobilienmaklerin eher zurückhaltend. Bereitwillig ordnete sie sich den Kollegen in ihrer Firma unter. Nachdem sie die Kontrolle über ihr Vergnügen übernommen hatte, wuchs jedoch ihr Selbstbewusstsein, und das wirkte sich sowohl auf ihr Zuhause als auch auf den Beruf aus. Als Studentin des Vergnügens machte sie es zu ihrer Mission, mehr Verantwortung zu übernehmen, und begann ihre Erfolge zu genießen.

An diesem Wendepunkt in ihrem Leben wartete die göttliche Schwester Rachel an einem Haus auf einen Kunden, als ein süßer Typ in einem silbernen Ferrari anhielt und sie nach dem Weg fragte. Er erwähnte, er sei auf Suche nach einem Haus, das er besichtigen wolle, und sie erklärte ihm den Weg. Als er davonfuhr, ging ihr auf einmal durch den Kopf, dass er ja auch ein potenzieller Kunde sein könnte. Also fuhr sie ihm nach, hielt ihn an und gab ihm ihre Karte. Der Mann mochte sie, ihm gefiel ihr Enthusiasmus, und letztendlich verkaufte sie ihm ein Haus für eine Million Dollar. So zu reagieren und derart aktiv auf potenzielle Kunden zuzugehen war normalerweise gar nicht Rachels Art, aber sie liebte es, sich toll und erfolgreich zu fühlen. Sich auf ihr Vergnügen zu konzentrieren gab ihr Raum, um zur eigenen Kraft zu finden.

Alles begann damit, dass Rachel sich Vergnügen gönnte. Und das, meine lieben Göttinnen, ist das fehlende Bindeglied bei all unserem Training. Die gute Nachricht ist, dass unser Vergnügen immer verfügbar ist, du brauchst es nur abzurufen.

Wenn du die weiblichen Künste praktizierst, berührst, schmeckst, riechst und fühlst, erfährst du alles, was das Leben zu bieten hat. Du gehst mit Begeisterung durchs Leben und lernst genau, was dir Freude bereitet. Vergnügen und Spaß sind nicht nur die Schlüssel zu deinem Glück, sondern auch zum Glück einer Beziehung, solange du dich selbst an die erste Stelle setzt.

Wie bereits erwähnt, wissen viele Frauen gar nicht, was ihnen überhaupt Vergnügen bereitet. Vielleicht stehst du ja vor derselben Situation. Manchmal sind unsere Vergnügens- und Spaßmuskeln so unterentwickelt, dass du sie gar nicht findest, geschweige denn, benutzen kannst. Die folgenden Übungen dienen ihrer Kräftigung. Versuche einmal, ob du deine Wünsche so in Form bringen kannst, damit sie dir das Glück, die Erfüllung und die Freude ins Leben bringen, die du dir immer gewünscht hast.

ÜBUNG *Feiere Party mit dir selbst*

Tu etwas für deine Weiblichkeit, für deinen schönen, weiblichen Körper. Dein Sein als Frau liegt in deiner Verantwortung. Mama will, dass du all deine fünf Sinne erforschst – und all das Vergnügen, das sie dir bringen können.

Geh zur Maniküre, zur Pediküre oder zur Massage. Feiere eine kleine Party für dich selbst. Serviere dir deine Lieblingsgerichte und -getränke. Wenn du nicht weißt, was du am liebsten magst, dann ist es an der Zeit, es herauszufinden. Kauf drei verschiedene Sorten Mineralwasser und entdecke deine Lieblingssorte, probiere fünf verschiedene Arten von Schokolade, bis du die richtige gefunden hast. Probiere etwas, was du noch nie zuvor gegessen hast. Leg tolle Musik auf und tanze einfach drauflos. Schmücke deinen Körper mit Stickern, Federn, Bändern, Tattoos und Glitzer. Tanze, um dich zu feiern. Schließlich beginnt die Party bei dir!

ÜBUNG Das wöchentliche Vergnügen

Mach einmal in der Woche einen Termin für etwas Vergnügliches. Wenn du glaubst, du schaffst es nie, diesen Termin einzuhalten, dann bitte eine Freundin, dich jede Woche anzurufen, damit du ihr von deinem Vergnügen erzählen kannst. Übertrumpft einander in der Spaß-Arena! Versuche einmal einen Moment, der normalerweise kein Spaß ist, in Spaß zu verwandeln. Wir haben alle gesehen, dass es bei Patricia funktioniert hat, indem sie einfach für ein langweiliges Meeting etwas Leckeres zu essen bestellt hat. Finde heraus, was dir Spaß macht. Vielleicht möchtest du ja in der Mittagspause durch den Park rennen, oder du organisierst eine Runde Kuchen für dich und deine Kollegen. Und denk bloß nicht, dass du Geld für diese vergnüglichen Dinge ausgeben musst. Manchmal ist das beste Vergnügung kostenlos: Putz dir nackt die Zähne und trage dabei High Heels, sing aus vollem Hals bei deinem Lieblingslied mit, geh mit einer Freundin spazieren, mit der du dich gerne unterhältst, meditiere vor dem Schlafengehen, knutsche mit deinem Lieblingsküsser. Experimentiere!

Ein Leben ohne Vergnügen ist etwa so prickelnd wie Salzstangen ohne Salz. Es ist Leben ohne Nahrung. Doch die Göttin braucht Vergnügen zum Leben!

ÜBUNG   *Ein kleines Körbchen Spaß*

Stell Spaß-Körbchen im Schlafzimmer auf. Füll sie mit Kondomen, Gleitmittel, Sexspielzeug, Schokolade, Federn, kleinen Handtüchern und anderen Erotika – was auch immer das Schlafengehen vergnüglicher macht. Du bist jeden Tag eine sinnliche Göttin, nicht nur, wenn du Gesellschaft hast – und dein Schlafzimmer ist die Kommandozentrale der Sinnlichkeit. In den Körbchen kannst du sinnliches Spielzeug für dich allein oder dich und deinen Partner aufbewahren. Für gemütliche Nächte alleine solltest du immer eine Tüte Chips und deine Lieblingsvideos parat haben. Leg auch ein paar schmückende Accessoires in die Körbchen – eine Perlenkette, ein Strumpfband, Geräte, mit denen du zum Orgasmus kommen kannst. Mach ein Spielzimmer aus deinem Schlafzimmer und lerne, was dir am meisten Spaß macht, ob alleine oder mit Partner.

ÜBUNG   *Verwandle einen Moment, der keinen Spaß macht, in Vergnügen*

Betrachte dein Leben und halte Ausschau nach Momenten, die du fürchtest oder hasst. Überlege dir, wie du sie vergnüglicher gestalten könntest. Wir hatten schon göttliche Schwestern, die beim Wäschewaschen Abendkleider trugen, das Putzen und Kochen ihren Männern überließen oder vierzig Minuten früher aus dem Haus gingen, damit sie zur Arbeit laufen konnten, anstatt mit der U-Bahn zu fahren. Die göttliche Schwester Katie musste zum Beispiel jeden Tag zwei Stunden in ihr Büro in New Jersey pendeln. Wir schlugen ihr vor, sich Snacks, Hörbücher, Erotika, ein Handy, einen Skizzenblock, einen Game Boy, CDs und eine Thermosflasche Tee für die Fahrt einzupacken. Komisch war, dass sie genau in dem Moment, als sie begann, die Fahrt echt zu genießen, einen Job nahe ihrer Wohnung angeboten bekam. Oh ja, die kreative Macht des Vergnügens sollte man nicht unterschätzen!

ÜBUNG 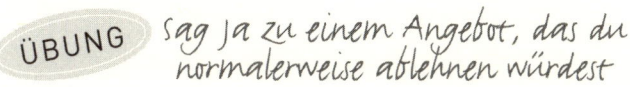 *Sag Ja zu einem Angebot, das du normalerweise ablehnen würdest*

Wir alle bekommen Einladungen oder Angebote, für die wir keine Zeit haben, an denen wir nicht interessiert sind oder die unsere nette kleine Routine unterbrechen würden. Diese Woche sollst du aber einmal *Ja* zu allem sagen, was du normalerweise ablehnen würdest. Geh das Risiko ein. Betrachte das Ganze als Studie und versuche herauszufinden, ob du an einer dieser Aktivitäten, die für gewöhnlich nicht zu deiner Routine gehören, Spaß hast. Geh zu einer Weinprobe, einem Mädelsabend, zur Filmvorführung. Und wenn du auf einem Jahrmarkt an der Schießbude stehst, ziele immer mitten ins Schwarze.

Spaß und Vergnügen sind wichtige Bestandteile eines starken Fundaments für deine Göttlichkeit. Denk immer daran – du strahlst keinen Spaß aus, wenn du keinen Spaß hast. Dein Vergnügen ist grenzenlos, und du alleine kontrollierst, wie viel Spaß du hast. Warum gelobst du dir nicht selbst, mehr Spaß im Leben zu haben? Spaß kann man gar nicht genug haben. Das Netteste, was du für jemand anderen tun kannst, ist, dir selbst eine gute Zeit zu machen. Das ist die Eintrittskarte zu einer erfüllten intimen Beziehung mit dir selbst und anderen. In der nächsten Lektion werden wir uns anschauen, wie ihr eine große Welle Spaß durch euer Leben schwappen lasst. Seid ihr bereit, den Edelstein in der Krone der Göttin zu entdecken? Wenn ja, dann folgt mir, meine Schönen, denn er kann euch gehören!

Die weibliche Kunst sinnlicher Lust

Stört es dich, dass ich so sexy bin?
Überrascht es dich, dass ich tanze, als hätte ich Diamanten
dort, wo sich meine Schenkel begegnen?
MAYA ANGELOU,
AUS DEM GEDICHT »STILL I RISE«

Okay, wie machen sich meine göttlichen Schwestern bis jetzt so im Training? Ihr seid nun bei Lektion 4 angekommen. Hier könnten sich unsere Wege trennen. »Warum?«, werdet ihr vielleicht fragen. Möglicherweise schiebt ihr eure Mama ja beiseite, da ich vorschlage, dass ihr jetzt einmal euren samtigen Mittelpunkt, euer Allerheiligstes richtig kennenlernt. Nehmt es in Besitz und bringt Lust hinein.

Erinnert ihr euch noch an *Star Trek* – »mutig dorthin zu gehen, wo noch nie ein Mensch zuvor gewesen ist«? So in etwa könnt ihr euch das Abenteuer vorstellen, das wir in dieser Lektion ansteuern. Nur, dass der Ort, an den wir mutig gehen, keine weit entfernte Galaxie ist, sondern ganz nahe bei uns. Wir nehmen Kurs auf den Ort, an dem noch nicht jede Frau gewesen ist, auf den Ort, an dem sie frei über ihr sinnliches Selbst verfügen kann. Lasst mich völlig offen sein. Ihr wisst doch, wie gut ihr euren Handrücken kennt, oder? Genauso gut solltet ihr eure

Vulva kennen. Ihr sollt wissen, wie sie im Einzelnen aussieht, damit ihr sie unter vielen aufgezeichneten Vulven auf Anhieb erkennen könntet (falls das einmal nötig sein sollte …). Eigentlich will ich sogar, dass ihr über eure Vulva mehr wisst als über euren Handrücken. Schließlich hat sie weit mehr zu bieten.

Wisst ihr, wie genau eine Tänzerin ihren Körper kennt? Sie kennt ihre Biegsamkeit, ihre Stärke, und wenn sie ihr Instrument wirklich gut beherrscht, wird ihr Körper Poesie in Bewegung und reißt sie mit. Ebenso gut kann eine göttliche Schwester alles über ihre Sinnlichkeit lernen. Wenn du deine Sinnlichkeit kennst, stehen dir alle Türen offen. Du erwachst in deinem ganzen Sein, erfährst die Freude, die dir zur Verfügung steht, nur weil du eine Frau bist. Wenn du dir deiner Sinnlichkeit bewusst bist, bist du selbstbewusster und kannst dein Leben mehr genießen. Manche Menschen pflegen zwar ihr Äußeres, ignorieren jedoch ihre Sexualität. So vieles ist tabu. Viele von uns wissen mehr über ihre Zähne oder ihre Haare als über ihre Vulva. Manche Frauen denken auch, nicht genug Zeit zu haben, um sich um alles zu kümmern. Aber wir haben genug Zeit. Manche glauben, sie seien nicht dafür verantwortlich. Das sind sie aber sehr wohl. Einigen von uns wurde gesagt, ihr Partner würde sie sinnlich erwecken. Das kann passieren, aber immer nur so weit, wie wir bereits selbst erwacht sind. Genau wie eine Tänzerin musst du zuerst wissen, wie du alleine eine Pirouette drehst, bevor du einen Pas de deux tanzen kannst.

Ich möchte jede Frau ermutigen, die dieses Buch liest, jeden Aspekt ihrer körperlichen Lust fließend zu beherrschen. Ihr sinnlicher Körper ist eine ewige Quelle der Lust. Sinnlichkeit ist ein Bereich, in den du nur wenig zu investieren brauchst, um einen großen Gewinn zu erzielen. Und wenn du viel investierst, wird der Gewinn dein ganzes Leben verändern. Börsenkurse schwanken, die Jahreszeiten wechseln, was heute modern ist, ist morgen unmodern, aber deine Sinnlichkeit ist immer für dich da, immer greifbar und für lange Zeit gemacht. Um in Ekstase zu geraten, brauchst du keinen Partner. Es kostet nichts, vor allem nicht viel Zeit. Lasst uns diese Reise zur Entdeckung unserer Sinnlichkeit »den Weg zur Muschi« nennen.

Bevor du das Buch jetzt voller Unbehagen zur Seite legst oder vielleicht sogar entsetzt in die Ecke pfefferst, folge Mamas Gedankengang nur für einen kurzen Moment. Denk einmal darüber nach, dass es andere waren, die dir die Vorstellung eingepflanzt haben, »Muschi« sei ein vulgäres, unzüchtiges Wort. Wenn du nun meine Definition davon akzeptierst, könnte »Muschi« dein neues Lieblingswort werden. Wirklich.

»Vulva« ist die Bezeichnung des Körperteils. Der Begriff »Muschi« – mein persönlicher Lieblingsausdruck – ist mehr als das, er bezieht sich auf den Mittelpunkt weiblicher Kreativität, in körperlicher, emotionaler und spiritueller Hinsicht. »Muschi« ist weit mehr als der medizinische Fachausdruck. In meiner Welt ist »Muschi« ein metaphysischer Begriff, der sich auf die Essenz weiblicher Macht bezieht. Die Muschi beeinflusst, wie eine Frau denkt und wahrnimmt, wie sie arbeitet und sich ausruht, wie sie mit anderen umgeht und kommuniziert. Wenn eine Frau ihrer Muschi vertraut, dann folgt sie ihren Instinkten und glaubt daran, dass ihre Wünsche richtig sind.

Ich habe erlebt, wie Frauen ihr Leben auf einmal völlig neu gesehen haben, indem sie ihre Muschi benannt, ihr vertraut und sie in Besitz genommen haben. Es ist die schwerste und zugleich einfachste und natürlichste Aufgabe der Welt, dich von deinem Körper zur Wahrheit leiten zu lassen – keinem Wertesystem mehr zu vertrauen als der eigenen elementaren körperlichen Reaktion. Für dich könnte dies ein kühner, revolutionärer Ansatz zum Leben sein. Stell dir vor, du kannst deiner Intuition so sicher vertrauen, dass du nur zu den Angeboten *Ja* sagst, die du auch wirklich möchtest, anstatt dich auf Dinge einzulassen, nur weil du dich verpflichtet fühlst. Stell dir vor, wie du voller Freude und Selbstbewusstsein *Nein* sagst, ohne Schuldbewusstsein oder Wut. »Muschi« ist ein Ausdruck, der dir ein völlig neues Spielfeld eröffnen kann.

Mir ist klar, dass nicht jeder etwas mit diesem Konzept anfangen kann. Wenn du heute nicht bereit bist für ein befreiendes Abenteuer in der Welt der Muschi, dann kannst du diese Lektion gerne überspringen und dich auf sichererem Terrain bewegen. Oder du liest einfach weiter, ohne dich an den Übungen zu beteiligen. »Muschi« ist schließlich nur ein kleines, viel geschmähtes Wort. Aber du kannst mich auch einfach machen lassen und dir mein Plädoyer für die Muschi anhören.

In Traditionen, die bis in die frühe Menschheitsgeschichte zurückgehen, wurde die weibliche Vulva verehrt – als »magisches Tor des Lebens, das die Macht physischer Regeneration und spiritueller Erleuchtung und Verwandlung besaß« (Riane Eisler, *Sacred Pleasure*). Jawohl. Dreißig, ja sogar fünfzig Jahrhunderte lang (von den letzten fünftausend Jahren einmal abgesehen) verehrte die Menschheit die Göttin und die Macht weiblicher Sinnlichkeit. In der prähistorischen Kunst wurden Vulven in heilige Höhlen gemalt, Altäre wie das weibliche Schambein geformt und religiöse Figuren mit besonders betonter Vulva dargestellt. Die Menschheit nahm die weibliche Macht als Lebenskraft des gesamten Universums wahr. Heutzutage ist uns dieser Gedanke so fremd, diese Verehrung des magischen Tors des weiblichen Körpers, dass wir es schon peinlich finden, nur die Bezeichnungen dafür laut auszusprechen.

In jedem Kurs frage ich meine göttlichen Schwestern, wie »ihre« genannt wurde, als sie Kinder waren und lernten, die Welt zu benennen. Für gewöhnlich sagt die halbe Klasse gar nichts, höchstens, dass es als »da unten« bezeichnet wurde. Aber was man nicht benennt, existiert nicht. Die Sprache, die wir zur Identifikation unserer Körperteile benutzen (oder auch nicht), beeinflusst, ob und wie wir lernen, uns zu respektieren, zu akzeptieren und zu feiern.

Natürlich habe ich auch Schülerinnen, deren Eltern ihnen Namen für ihre Körperteile beigebracht haben. Manchen ist es zu peinlich, den Namen zu verraten, andere finden ihren schlichtweg lächerlich. Ich würde ja lachen, wenn es nicht so traurig wäre. Einen Penis nennen wir »Penis«. Verstehst du, woher das innere Chaos einer Frau rührt, wenn sie nur alberne und armselige Bezeichnungen für den schönsten, mächtigsten Teil ihres Körpers zu hören bekommt?

Es gibt immer ein paar göttliche Schwestern, die das Wort »Vagina« benutzen. Auf den ersten Blick erscheint dieser Begriff wie eine klare Verbesserung gegenüber all den Euphemismen, doch der Begriff »Vagina« bezeichnet nur die innere Öffnung einer Frau; die äußeren Genitalien sind dadurch nicht abgedeckt. Bei den Männern wäre das so, als würde man den Penis als »Skrotum« bezeichnen. Es ist einfach nicht korrekt. Das Wort »Vagina« bedeutet wörtlich übersetzt »Scheide« – ihr wisst schon, dieses Ding, in das man ein Schwert steckt. So werden unsere Körper eher zu Komparsen denn zu Hauptdarstellern. Beginnst du langsam zu verstehen, auf welchem Terrain wir uns bewegen?

Okay, okay, sagst du, was ist mit »Vulva«? Dieses Wort ist mit Sicherheit genauer. »Vulva« beschreibt die äußeren Genitalien einer Frau – dazu gehören die äußeren und inneren Schamlippen, die Klitoris und der Scheideneingang. Als meine Tochter zwei war, brachte ich ihr das Wort »Vulva« bei. Es machte mich froh und dankbar, dass sie in ihrem Alter schon die Chance hatte, ihre Körperteile richtig zu benennen. Ich hatte mein Leben lang nach Worten gesucht, und eigentlich war mir mein Interesse peinlich gewesen. Ich hoffe, ich kann meiner Tochter diese lange, mühsame Reise ersparen.

Jetzt möchte ich dich mit auf eine kleine Tour nehmen. Ich möchte dir deine wunderbare Muschi vorstellen und zumindest erreichen, dass du ihr einen anerkennenden Blick schenkst. Nimm einen Handspiegel und eine Taschenlampe und setz dich einmal mit mir auf den Boden. Schließ die Tür und zieh dir die Hose aus. Zieh deine Schamlippen auseinander, und dann wollen wir uns das Ganze einmal ansehen. Du hast da unten eine große Bandbreite an möglichen Farben, von Dunkelrot bis hin zum blassesten Pink, Lachsfarben, Pfirsichfarben, Braun, Violett, Beige oder Blau – die Farben des Sonnenuntergangs. Es gibt symmetrische Muschis und asymmetrische, ganz wie in der Natur. Ich möchte, dass du dich vorurteilsfrei betrachtest, nur mit Interesse und Wertschätzung. Sieh dir die äußeren Schamlippen an und die inneren. Und versuche, den kleinen Aktivitätsknopf zu finden, die Klitoris, die achttausend Nervenendungen hat. Die Klitoris kann winzig, aber auch ziemlich groß sein. Für gewöhnlich steckt sie ganz bescheiden in einer kleinen Hautfalte, die man Klitorisvorhaut nennt. Betrachte die Perle. Wir beginnen unsere Reise, indem wir uns anschauen, was wir haben, und dann sehen wir uns an, wie alles funktioniert. Es ist lediglich eine wissenschaftlich Untersuchung.

Es ist doch komisch. Wenn ich zu dir sagen würde: »Ich habe dir einen Maserati in die Garage gestellt, und er gehört dir, er ist ein Geschenk. Und der Kofferraum ist voller Geld, das ebenfalls dir gehört – es hat schon immer dir gehört, du wusstest nur nie, dass du es hast«, wärst du natürlich zuerst misstrauisch, aber ich wette mit dir, dass ich keine zehn Minuten brauchen würde, um dich zu einer Probefahrt zu überreden. Wir Mädels haben etwas viel Wertvolleres, das wesentlich effektiver in Sachen Beschleunigung und Leistung ist als ein Auto, nämlich unsere Muschi. Viele Frauen würden diese Lektion, die »Gebrauchsanweisung« für deine Traummaschine, am liebsten überspringen, weil sie das Thema eklig finden. Du kannst es halten, wie du willst. Lektion

5 macht Spaß, Lektion 6 ebenso und so weiter. Du kannst ja später wieder hierhin zurückblättern.

Die Vorstellung, dass eine Frau sich kennt und selbst befriedigt, war Tausende von Jahren nicht besonders en vogue. Die volle Kontrolle über deinen Körper und deine Lust zu übernehmen ist also keine Kleinigkeit. Es ist, als würde man in einen höheren Gang schalten, Mädels. Aber verurteilt euch nicht, wenn ihr noch zögert, die Fahrt eures Lebens anzutreten. Wir sind es gewohnt, uns zurückzulehnen und jemand anderen fahren zu lassen. In Wahrheit jedoch fühlst du dich außer Kontrolle, wenn du daran denkst, dass jemand anderes deine Lust kontrolliert. Mit 19 war ich mir nicht sicher, ob ich Sex mit meinem Freund hatte, weil ich es wollte oder weil es von mir erwartet wurde. Ich war neugierig, aber ich wusste nicht genau, welchen Signalen ich folgen sollte. Alle meine Freundinnen machten es, also machte ich es auch. Viele Frauen haben ähnliche Erfahrungen gemacht wie ich. Wenn du glaubst, dein Freund, deine Freundin, dein Gynäkologe oder deine Mutter wüssten mehr über deine sexuelle Natur oder deine Genitalien, dann hast du wirklich ein Problem. Denn du kannst nicht besitzen, was du für den Besitz eines anderen hältst. Wenn du deine Sinnlichkeit nicht besitzt, bist du in deinem Paarverhalten abhängig, bedürftig und verzweifelt. Wahre Partnerschaften entstehen nur, wenn du dir wirklich selbst gehörst.

Wir hoffen immer, dass es die nächste Generation Frauen leichter und besser haben wird als wir. Und das ist auch so. Wir könnten es aber für die Frauen, die heute heranwachsen, noch leichter und besser machen, indem wir uns entscheiden, jetzt unsere Sinnlichkeit in Besitz zu nehmen. Von den zahllosen göttlichen Schwestern, die meine Schwelle überschritten haben, wussten alle, wie man einem Penis Lust bereitet (zumindest hat keine Unwissenheit zugegeben). Aber so gut wie keine wusste Bescheid, wenn es um die eigene Lust ging. Die meisten hatten keine Ahnung, wie sie ihren Partnern beibringen sollten, ihnen Lust zu verschaffen. Ich will gar nicht behaupten, dass keine dieser Frauen je einen Orgasmus gehabt hätte – sie haben nur einfach ihre eigene Lust nicht mit der gleichen Entschlossenheit und Geradlinigkeit verfolgt wie die der Männer.

Das bringt nicht nur Nachteile für uns Frauen mit sich, sondern hält auch die Männer davon ab, jemals zu lernen, was eine Frau wirklich ist. Wenn frau schon nicht weiß, was eine Frau ist, wie soll dann ein Mann sie verstehen? Ich möchte, dass du etwas über deine Muschi lernst – wie du für sie sorgst, sie nährst und ihr Lust bereitest. Mach alles in deinem eigenen Tempo. Du führst dich selbst am besten. Und bevor du dich aus dieser Lektion verabschiedest – falls du bis jetzt überhaupt noch dabei bist –, möchte ich dir eine Beobachtung mitteilen, die mir seit der Gründung meiner Schule der weiblichen Künste aufgefallen ist. Ich habe in den drei Jahren meiner Arbeit mit zahllosen göttlichen Schwestern herausgefunden, dass diejenigen, die dieser Lektion anfangs den größten Widerstand entgegenbrachten, am Ende am meisten von ihr profitieren konnten.

☼ ☼ ☼

Dann wollen wir uns also mal von der visuellen Bestandsaufnahme zur Handhabung bewegen. Ich bin nicht an Masturbation interessiert. Mich interessiert nur, mir selbst Lust zu verschaffen. Das Wort »Masturbation« ist so belastet, und unser Vorankommen wird behindert durch die Zielorientierung, die in dem Begriff mitschwingt.

Ich möchte, dass du mit mir noch einmal von vorne anfängst. Zuerst solltest du dir ein sauberes, privates Heiligtum schaffen, in dem du dir selbst Lust bereiten kannst. Bereite dich vor. Nimm ein Bad, zieh ein Nachthemd oder einen Bademantel an. Creme deine samtweiche Haut ein, leg ein wenig Parfüm auf, wenn dir

das gefällt. Zünde eine Kerze an, sorge für angenehme Musik. Meide Alkohol, denn Alkohol unterdrückt Gefühle, und wir wollen doch, dass alle deine Sinne bestens funktionieren. Du kannst zunächst deine Muschi mit deinem Handspiegel untersuchen, denn ich will, dass du sie vor, während und nach dem Streicheln siehst. Deine Muschi wird sich nämlich verändern. Die Klitoris wird größer, die Schamlippen werden dunkler, wenn sie sich während der Erregung mit Blut füllen, und der ganze Bereich schwillt an und sieht üppiger aus. Wenn du beginnst, dich selbst zu berühren, benutze deine Hand, als sei sie eine Vorrichtung, die Lust sucht. Die meisten von uns versuchen, Lust ohne Berührung zu empfinden, aber das ist viel zu mühsam. Du verschaffst dir Lust mit der Hand. Selbstsüchtige Hand. Lass sie über dein Schamhaar gleiten, als ob du eine Katze streichelst. Dreh sie hin und her. Spreize sanft deine Lippen, sodass deine Finger die zarte Haut der Lippen liebkosen können. Versuch es ohne Gleitmittel, und dann versuche es mit Gleitmittel. (Ich bin ein Fan von Gleitmittel.) Lass deine Finger deine inneren Lippen erkunden, deinen Introitus und deine Klitoris. Berühre deine Klitoris durch die Vorhaut, und dann ziehe sie zurück und berühre die Klitoris direkt. Hier empfehle ich Gleitmittel; das Genitalgewebe ist sehr zart und sehr widerstandsfähig. Versuche jede Art von Druck, die du dir vorstellen kannst – vom leichtesten Federstreich bis zum festen Kneifen. Erkunde, was dir gefällt und wo es dir gefällt. Diese Erforschung kann fünf Minuten, aber auch viel länger dauern. Das entscheidest du ganz alleine. Und vergiss nicht, dich immer wieder im Handspiegel zu betrachten und zu beobachten, wie deine Muschi sich verändert. Und denk bei den Berührungen dran, dass es einfach nur dein Ziel ist, dir so lange wie möglich lustvolle Gefühle zu verschaffen.

Lust ist die einzige Funktion der Klitoris. Mit der Fortpflanzung hat sie überhaupt nichts zu tun. Schließlich kann eine Frau auch ohne Orgasmus schwanger werden. Tatsächlich haben die meisten Frauen Geschlechtsverkehr ohne Orgasmus, weil der Penis für gewöhnlich beim Verkehr die Klitoris gar nicht berührt, und wie die meisten von uns wissen, hat der männliche Orgasmus im Allgemeinen auch keine Auswirkung auf die Klitoris.

Verglichen mit der Klitoris ist der Penis ein Multifunktionstool. Schau ihn dir bloß einmal an – der Penis ejakuliert, uriniert und hat ungefähr nur halb so viele Nervenendungen wie die Klitoris, um Lust zu empfinden. Weil die Klitoris also einzig und allein der Lust dient, wurde sie bis in jüngste Zeit in Anatomie-Lehrbüchern nicht erwähnt. Bei aller Unterschiedlichkeit in Form und Größe haben Kitzler zahlreiche Gemeinsamkeiten. Sie bekommen keine Krankheiten. Sie schrumpfen nicht. Ungeachtet ihrer Größe und Form hat jede prachtvolle Klitoris die Fähigkeit zu unbegrenzten Orgasmen, wenn sie erst einmal richtig entzündet und angelaufen ist. Verstehe und liebe die Klitoris, und du verstehst und liebst die Frau.

Die Klitoris und ihr spezieller Zweck, die Lust, ist eine großartige Metapher für die göttliche Schwester. Dieses Organ der Lust will, was jede Frau will – Aufmerksamkeit, Aufmerksamkeit, Aufmerksamkeit. Der Kitzler will genauso berührt werden, wie er es am liebsten mag – für gewöhnlich mit halb so viel Druck, wie die meisten Männer anwenden. Denk einmal darüber nach – die meisten Männer lernen die Kunst der sexuellen Befriedigung an ihren eigenen Körpern (was ja nur natürlich ist), aber sie besitzen nur halb so viele Nervenendungen in ihrem sexuellen Lustbereich wie wir Frauen.

Auch wir haben Lust von männlichen Partnern gelernt, und viele von uns verfügen deshalb nur über eingeschränkte Erfahrungen. Während der Mann nur einen kurzen Moment orgastischer Lust erlebt, kann eine Frau stundenlange Orgasmen erleben. Er ist ein Revolver, sie ist eine vollautomatische Selbstladepistole. Obwohl Frauen zu lang anhaltender sexueller Lust fähig sind, bedeutet das noch lange nicht, dass sie sie auch erleben. Tatsächlich steht bei den meisten Frauen die Erfahrung ihres wahren sexuellen Potenzials noch aus.

Weil Frauen lernen, Kompromisse zu machen, noch bevor sie lernen zu kommen, erleben nur wenige Frauen ihre wahre sexuelle Lust wie einen Vulkanausbruch. Wenn eine Frau kommt wie ein Mann – plötzlich, wie ein Niesen –, schränkt sie den Bereich der Gefühle ein, die ihr eigentlich durch ihre einzigartige Physiologie möglich sind. Die Sexualität von Männern sucht eher das Ziel als die Lust. Frauen müssen in Kontakt treten mit der wellenförmigen, sich ausdehnenden, pulsierenden Welt des weiblichen Orgasmus. Zu kommen, wie nur eine Frau es kann, ist eine Erfahrung, die du dir nicht entgehen lassen solltest! Was die meisten Frauen dazu brauchen, ist ein Handbuch für ihr eigenes sexuelles Equipment.

Im Handbuch über die Klitoris steht: »Mach dich schlau über mich. Beobachte, hör zu, erkunde, schätze, erforsche. Wenn dir gefällt, was ich, die Klitoris, fühle, werde ich immer noch mehr fühlen.« Wenn Frauen diese simplen Regeln befolgen, werden sie schnell lernen, dass die Klitoris nicht anspringt, wenn sie wütend, ärgerlich oder verängstigt ist. Sie kann nicht zum Missbrauch gezwungen werden. Wenn du versuchst, sie zur Eile anzutreiben, stellt sie sich stur. Wenn dir die Menge an Lust missfällt, die sie fühlt, wird sie noch weniger fühlen. Was sind also die optimalen Arbeitsbedingungen für die Klitoris? Optimal ist, wenn frau mit Vollgas bei der Sache ist – voller Leben und Begeisterung – und wenn sie in der Lage ist, klar und eindeutig zu kommunizieren, um ihren Wünschen ohne Zögern Ausdruck zu verleihen.

Es ist wie beim Drachenfliegen oder wenn du ein Instrument spielst – tu es einfach so lange, wie es Spaß macht. Dann hör auf. Und wiederhole es bald wieder. Ich empfehle eine gewisse

Regelmäßigkeit bei der Selbstbefriedigung. Frauen sind schön, wenn sie sich auf angenehme Weise verausgaben. Du kannst damit hervorragend Spannung reduzieren und deine Stimmung heben. Und wenn du deinem sich ständig verändernden Körper weiterhin Aufmerksamkeit schenkst, wirst du wundervolle Empfindungen entdecken, die du deinem Partner beibringen kannst.

Ich möchte dir jetzt eine inspirierende Geschichte über eine der härtesten Nüsse erzählen, die je Mamas Weg gekreuzt haben. Sie stellte sich vor als Mattie Diamond, Finanzanalystin an der Wall Street. Mama konnte sehen, dass hinter der zugeknöpften Diva eine wilde Frau steckte. Matties Heldin ist Madonna, und da sie ab und an auch einen Diven-mäßigen Wutanfall bekommt, wurde aus Mattie die »göttliche Schwester Madonna«. Eigentlich ist Mattie eine hinreißende Mischung aus einer überkandidelten Diane-Keaton-Rolle und Linda Blair kurz vor ihrem Film *Der Exorzist*. Sie liebt Klatsch und Tratsch und wurde so zur Klatschkolumnistin des Netzwerks der göttlichen Schwestern. Einmal im Monat postet sie ihre Kolumne auf unserer Website.

Aber zurück zur Geschichte. Es gibt manchmal göttliche Schwestern, die zwar gerne am Kurs teilnehmen, aber nie ihre Hausaufgaben machen. Der Unterricht ist unterhaltsam genug, auch wenn man sich selbst im Hintergrund hält und erst einmal nur beobachtet, wie sich die anderen Frauen in Göttinnen verwandeln. Mattie gehörte zu diesem Typ Frauen und hielt sich in den ersten Unterrichtsstunden bei Mama Gena diskret zurück. Mattie war zwar bereit, neues Make-up zu kaufen, aber keineswegs bereit, ihrer Muschi Lust zu verschaffen. Den Teil ließ sie einfach aus. Sie verstand einfach nicht, warum Selbstbefriedigung und sinnliches Vergnügen für sie selbst wichtig sein sollten. Sie sah keine Logik darin. Schließlich war die göttliche Schwester Mattie schon seit Jahren Analystin an der Wall Street. Wenn sie etwas tat, *musste* es logisch sein. Also schaute Mattie jahrelang zu, wie die anderen Frauen Raketenstarts hinlegten, während sie leicht verbittert auf der Erde zurückblieb und ihre fantastischen Entwicklungen beobachtete.

Eines Tages erfanden meine Göttinnen und ich das Konzept der »Sklaventreiber«. Es gab göttliche Schwestern, die toll waren und sich all ihre Träume erfüllten, und sie willigten ein, die Schnecken zu coachen. Da Mattie zu den Langsamsten der Langsamen gehörte, bekam sie die göttliche Schwester Justine zugeordnet, die sich verdammt schnell bewegte. Justine rief Mattie jeden Tag an. Sie fragte, scherzte und drohte ihrer Schülerin und bekam Mattie tatsächlich dazu, zum ersten Mal in ihrem Leben ihre Muschi zu berühren.

In der ersten Woche unter Justines Mentoring masturbierte Mattie dreimal und erhielt wie durch ein Wunder drei Job-Angebote und ein Date. In der zweiten Woche erhöhte sie ihr Selbstvergnügen auf vier Mal, und das Date lud sie übers Wochenende nach Paris ein. Mittlerweile war die göttliche Schwester Mattie auf den Geschmack gekommen und fand es echt toll.

Wie es der Zufall so will, begegnete ich Mattie, als ich dieses Kapitel schrieb. Sie erzählte mir, dass sie mittlerweile mit einem Mann zusammen sei, den sie seit zehn Jahren kenne. Er wohnt im gleichen Haus wie sie, ist Italiener und sehr sexy, und sie ist verrückt nach ihm! Mattie erzählte mir auch, dass sie erst letzte Woche das beste Blind Date ihres Lebens gehabt hätte. Sie habe sich sieben Stunden lang prächtig unterhalten! Und ja, meine Mattie geht auch immer noch mit dem Mann aus, der sie nach Paris eingeladen hat. Sie sagte, sie verschaffe sich noch immer selbst Lust – sie masturbiere drei Mal in der Woche. Zwar ist sie immer noch der Meinung, dass Selbstbefriedigung keinen logischen Sinn ergibt, aber sie hat seitdem wesentlich mehr Freude.

Der sinnliche Weg, den sie eingeschlagen hat, hat sich auch auf ihre Klatschkolumne ausgewirkt. Ihr Stil ist viel lustiger geworden, weil sie liebevolle Neckereien austeilen kann, seitdem sie selbst so glücklich ist.

Auch die göttliche Schwester Emily, eine Schauspielerin, hat ihr Glück gefunden. Doch als sie in meinen Unterricht kam, war Selbstbefriedigung ein Fremdwort für sie. Ständig sprach sie irgendwo vor, aber sie bekam nie die Rollen, die sie sich wünschte. Emily stammte aus einer sehr konservativen Bostoner Familie. Sie betrachtete und berührte ihre Muschi nie – sie erlebte sie nur, wenn ein Mann sie dort berührte. Schließlich beschloss Emily, ihre Lust zu erkunden, um beruflich größere Erfolge zu erzielen. Sie dachte, es könne ihre Karriere befördern, wenn sie Sinnlichkeit ausstrahle.

Also begann Emily, sich jeden Tag Lust zu verschaffen. Rate mal, was passierte. Sie ging wieder zu einem Vorsprechen, und dieses Mal fand der Regisseur sie so toll, dass er überlegte, das Drehbuch umzuschreiben, damit Emily die Rolle spielen könne (sie war ursprünglich für eine Frau gedacht, die zehn Jahre älter war als sie). Am Ende ging das zwar nicht, aber das Interessante an dieser Episode war Emilys Reaktion: Anstatt deprimiert zu sein, weil sie die Rolle nicht bekommen hatte, war sie überglücklich! Diese göttliche Schwester war unglaublich stolz darauf, dass sie beim Vorsprechen so weit gekommen war und der Regisseur sie so toll gefunden hatte.

Durch diese Erfahrung stellte Emily fest, dass sich nicht nur ihre Stimmung völlig gewandelt hatte, sondern auch ihre Fähigkeit, mit dem Auf und Ab des Lebens umzugehen. Sie war nun viel schneller als früher in der Lage, das Positive in jeder Situation zu sehen. Äußerlich wirkte sie glücklicher und selbstbewusster. Sie hatte die Kontrolle über ihr Leben selbst in die Hand genommen, indem sie auf die Lust in ihrem Leben achtete und sich dafür verantwortlich fühlte.

Und schließlich bekam unsere Emily die Hauptrolle in einem Spielfilm. Das war ihr großer Durchbruch! Emily weiß genau, dass sie selbst diesen Durchbruch bewirkt hatte, indem sie die Kontrolle über ihre Lust übernahm.

Was lernen wir aus dieser Geschichte der verloren gegangenen und wiedergefundenen Ekstase? Wir lernen, wie essenziell es ist, unsere Ekstase auszuleben. Wenn wir so tun, als reiche ein mittelmäßiges Leben aus, geben wir unseren Anspruch auf Ekstase auf. Ich weiß, dass es manchmal einfacher erscheint, Kompromisse zu schließen, anstatt die Verantwortung für die eigene Befriedigung selbst zu übernehmen. Das ist den meisten von uns schon einmal so gegangen. Aber wenn du auf deine Wünsche achtest und ihnen vertraust, bringen sie dich auf den richtigen Weg. Und die Reise zu dir selbst ist erst vollendet, wenn du dich kennst und deine Sinnlichkeit selbst in die Hand nimmst. Das ist die ganze Wahrheit, so schwierig es auch sein mag, es zuzugeben. Aber mach dir keine Vorwürfe, weil du deiner Lust nicht nachgegeben oder sie nicht in Anspruch genommen hast – an dieser Front hast du bislang auch kaum Unterstützung bekommen. Aber jetzt kannst du dich entspannen, weil deine Mama hier ist, um dir zu helfen!

Häufig stehen wir in Sachen Selbstbefriedigung sehr, sehr alleine da. Unsere Kultur ermutigt uns zu vielen Dingen: zum Lesen, Schreiben und Rechnen, dazu einen Computer zu bedienen, Erfolg im Beruf zu haben und Kinder zu erziehen. Es gibt Kochschulen, Hundeschulen, Musikschulen, Ballettschulen, Weinseminare und Töpferkurse. Es gibt Fitnessstudios mit Personal Trainern. Wir sind süchtig nach Information. Es würde dir wahrscheinlich nicht im Traum einfallen, deiner siebzehnjährigen Tochter die Autoschlüssel für das Familienauto zu geben, bevor sie nicht in der Fahrschule war. Wir erwarten, dass der Klempner eine Ausbildung hat und natürlich auch die Lehrer unserer Kinder. Aber bei Sinnlichkeit und Lust wird Ignoranz tagtäglich ermutigt und gefördert.

Meine Mutter hat mir zwar alles über die Menstruation beigebracht, aber sie hat nie auch nur mit einem Wort erwähnt, dass wir beide eine Klitoris haben. Sie sagte mir, ich solle mich vor den Jungs und dem, was sie von mir wollten, hüten – aber sie brachte mir nie bei, wie ich es wirklich genießen sollte, einen Jungen zu küssen. In Sachen Informationen war meine Mutter natürlich wesentlich weiter als ihre Mutter. Ich mag zwar nur wenig von ihr erfahren haben, aber immerhin erfuhr ich mehr als sie als Jugendliche.

Frauen wird häufig beigebracht, sich für ihre Sinnlichkeit zu schämen. Sinnlichkeit und Lust sind Bereiche, über die die meisten Frauen nicht sprechen, weil sie sich nicht wohl dabei fühlen. Doch was, wenn unsere größte Scham eigentlich unsere größte Quelle der Freude und des Stolzes ist? Bevor du deine sinnliche Seite verleugnest, dich zu unwohl dabei fühlst, sie zu erforschen, oder glaubst, auch gut leben zu können, ohne dich mit dem Thema zu befassen, denk noch einmal über die Sache mit dem kostenlosen Maserati nach. Warum ziehst du nicht wenigstens einmal in Betracht, dein sinnliches Selbst auf einer Testfahrt auszuprobieren? Du hast den Schlüssel dazu in der Hand. Würde es sich nicht lohnen, es wenigstens einmal zu versuchen? Ich lade dich dazu ein!

Mama hat ein paar Übungen für dich zusammengestellt, um dein Level der Selbstanbetung, Dankbarkeit und Verehrung für das Wunder deines Körpers anzuheben. Man kann niemandem dabei »helfen«, sich selbst zu lieben. Du musst deinen sexy Hintern schon selbst hochkriegen, um den ersten Schritt zu machen. Wie Gandhi sagte: »Sei selbst die Veränderung, die du in der Welt sehen willst.«

Meiner Meinung nach liegt die Macht einer Frau in ihrer Beziehung zu ihrem erotischen Potenzial. Es ist nicht leicht für Frauen, ihren Körper zu akzeptieren, zu lieben und zu genießen – vor allem wenn man bedenkt, wie oft wir mit Bildern eines vermeintlich »perfekten« Körpers überflutet werden, und wie ambivalent eigentlich die Einstellung unserer Kultur zum Thema Sexualität ist. Doch genau wie wir unsere eigene Sinnlichkeit in der Hand haben, haben wir auch unser Leben in der Hand. Wenn wir uns in jeder Hinsicht intim kennen – körperlich, emotional, spirituell und sinnlich –, sind wir in jeder Hinsicht im Vorteil. Wir haben einfach mehr Kontrolle. Wenn du darauf trainiert bist, dich zu ignorieren, dann ignorierst du auch ganz wesentliche Details. Erkunde dich in folgenden Übungen und ignoriere dich nie mehr!

ÜBUNG   *Der Weg des Künstlers*

Besorge Knetgummi, Glitzerkleber, Farbe, Buntstifte, Textmarker und Bleistifte und mach dich ans Werk – genau wie damals zu Kindergartenzeiten. Nur dass dieses Mal deine Vulva dein Motiv ist. Male, forme, zeichne, skizziere deine Vulva. Du kannst es symbolisch angehen – zeichne sie wie eine Blume oder eine Flamme – oder spezifisch, indem du sie möglichst genau abmalst. (Vergiss die Klitoris nicht, dann wird sie dich auch nicht vergessen!) Häng dein Kunstwerk an die Wand, um zusätzlich darauf aufmerksam zu machen – das liefert guten Gesprächsstoff! Mit dieser Übung kommst du in Kontakt mit deiner Kraftquelle und feierst sie.

Frühjahrsputz

Erinnerst du dich noch an diese Übung aus Lektion 2? Wir wenden sie auch hier an. Du machst die Übung genauso wie beim ersten Mal, nur dass dieses Mal dein Thema »Sinnlichkeit« ist. Deine Frage muss also lauten: »Was fällt mir zu ›Sinnlichkeit‹ ein?« Mach die Übung zwanzig Minuten lang, allein, mit einem Freund oder einer Gruppe von Freundinnen.

ÜBUNG *Benutzerhandbuch*

Kauf dir das Buch *Orgasmus XXL – Lustvoll lange Höhepunkte* von Vera und Steve Bodansky. Sie nehmen dich mit auf eine ausführliche, wissenschaftliche Reise zum Thema Lust. Du wirst lernen, jeden Teil deiner Vulva zu benennen und damit umzugehen. Außerdem erfährst du, wie du alleine oder mit einem Partner am meisten Lust empfindest. Dieses Buch ist Pflichtlektüre für jeden sinnlichen Bürger!

ÜBUNG *Spieglein, Spieglein*

Das Beste, meine lieben göttlichen Schwestern, habe ich mir für den Schluss aufgehoben. Um wirklich eine göttliche Schwester zu werden, musst du deine Vulva kennenlernen.

Bevor du jedoch beginnst, sie zu erforschen, musst du auf deine Gesundheit achten. Wenn du dir Sorgen um dein Wohlergehen machst, kannst du gar nichts genießen. Also mach den längst überfälligen Termin beim Gynäkologen. Übernimm Verantwortung und tu alles, was in deiner Macht steht, um dich so großartig zu fühlen wie möglich. Wenn eine Frau das Gefühl hat, ihre Vulva, ihre grundlegende Natur, sei nicht richtig, dann kennt und fühlt sie auch ihre Wünsche nicht.

Wie nehmen wir also diesen prachtvollen Körperteil, den wir kaum sehen können, in Besitz? Woher willst du wissen, was wahre Lust ist? Ein Handspiegel lohnt sich auf jeden Fall, meine Liebe. Leg dich in einem hell erleuchteten Raum auf den Rücken und spreiz die Beine. Halt den Handspiegel davor. Folgende Reaktionen können während deiner Selbsterkundung auftreten:

☀ Du bist abgestoßen – eine übliche Reaktion. Wie viele von uns schauen sich schon regelmäßig »dort unten« an? Vielleicht findest du die Farben schockierend, oder der starke Haarwuchs überrascht dich. Wenn dich das abstößt, bist du weit davon entfernt, eine göttliche Schwester zu sein. Göttliche Schwestern beten ihren Schritt an und verehren ihn. Sie halten es für richtig, dass Gustave Courbet seinem Gemälde den Titel *L'Origine du monde (Der Ursprung der Welt)* gegeben hat. Geh wissenschaftlich an die Sache heran. Betrachte. Beurteile nicht. Beobachte und fühle deine Muschi. Mach keine hastigen Schritte. Sie wird unter deinen Augen wachsen.

☀ Du bist gleichgültig. Kein Problem. Du bist unempfänglich für deine eigene Größe, deine Macht. Wahrscheinlich weil dein Potenzial so groß ist. Eine göttliche Schwester, die vor einiger Zeit mit Mama zusammenarbeitete, fühlte nichts zwischen den Beinen, als sie sich selbst berührte. Sie fand das Ding irgendwie hässlich. Wahrscheinlich wäre sie gar nicht mehr zum Unterricht gekommen, wenn sie nicht gesehen hätte, welche bemerkenswerten Resultate die anderen Frauen, die sich in sich selbst verliebt hatten, erzielten. Mama ließ sie Muschis auf Gemälden anschauen. Nach und nach wurde sie offener. Und schließlich war sie an dem

Punkt angelangt, an dem sie sich von ihrem aktuellen Mann trennte, der nur zu seiner eigenen Befriedigung mit ihr schlief. Stattdessen begann sie sich mit einem Mann zu treffen, der ihrer Lust Aufmerksamkeit schenkte.

☼ Dir gefällt, was du siehst. Wow, du bist eine wahre göttliche Schwester! Jetzt musst du deine Vulva nur noch mehr mögen. Die göttliche Schwester Diane, Vertreterin in einem Unternehmen für Designerkleidung, befriedigte sich regelmäßig selbst, weil sie sich so schön fand. Je mehr sie sich in ihren Schritt verliebte, desto mehr war sie in Einklang mit sich selbst. Im Laufe der Zeit wurde sie sich immer mehr ihrer eigenen Wünsche bewusst und stellte fest, dass es einen Zusammenhang zwischen ihrer Wertschätzung für sich selbst und ihren äußeren Erfahrungen gab. Sie strahlte einfach Selbstbewusstsein aus. Nach und nach steigerte sie ihren Umsatz von anfänglich 5000 Dollar pro Monat auf 20 000 Dollar. Sie wollte gerne den Designer eines anderen Unternehmens kennenlernen, und innerhalb einer Woche rief er sie an und arrangierte eine Reise nach Europa für sie, um dort Kleidung für ihn zu verkaufen. Zufall? Vielleicht. Mama nennt es die »Macht des Wunsches«, »die Macht der Muschi« oder einfach die »Macht der M.«. Je mehr du deine Muschi schätzt, desto mehr tut sie für dich.

ÜBUNG   *Unter der Decke*

Erforsche die Fantasien anderer mutiger, Lust suchender Frauen, indem du Bücher liest wie:

☼ *Vagina-Monologe* von Eve Ensler, eine unterhaltsame, bewegende Episodensammlung von Monologen der Vagina.

Du brauchst nicht länger als eine Stunde dazu, und du wirst danach deine Vulva noch mehr lieben.

☀ *Frauenkörper – Frauenweisheit* von Christiane Northrup, die Bibel für Frauen. Wenn du in allen köstlichen Einzelheiten wissen willst, wie wir funktionieren, wie genial unsere Körper sind, und was wir tun können, um unsere Selbstheilungskräfte zu aktivieren, dann ist dieses Buch genau das Richtige für dich.

☀ *Frau – Eine intime Geographie des weiblichen Körpers* von Natalie Angier, ein Buch, das dir vor Augen führt, wie prachtvoll, mächtig und schön Frauen sind. Der elegante Schreibstil wird dich berühren.

☀ *Sacred Pleasure* von Riane Eisler beschreibt die frühen Göttinnen-Religionen, die auf Lust und Partnerschaft gründeten, im Gegensatz zur schmerzorientierten Kultur von heute. Lies es, und du wirst ungeahnte Möglichkeiten erkennen!

Dein Zugang zu deiner Muschi ist dein Zugang zu Lebenskraft und Freiheit als Frau. Übernimm die Kontrolle über deine Lust, und die Welt liegt dir zu Füßen. Du wirst eine Kraft in dir entdecken, die du vielleicht noch nie verspürt hast. Was möchtest du mit all dieser ungezügelten Kraft anfangen? Wie wäre es mit einem neuen Spiel, zum Beispiel der Kunst des Flirtens? In der nächsten Lektion wirst du mehr darüber erfahren. Ich verspreche dir, dass dir diese kraftgebende Form der Unterhaltung gefallen wird!

LEKTION 5

Die weibliche Kunst des Flirtens

Liebling, so schön sind meine Beine auch nicht.
Ich weiß nur, was ich damit tun muss.
MARLENE DIETRICH

In unserer heutigen Lektion geht es ums Flirten. Eine Frau ist am prachtvollsten, wenn sie flirtet. Frauen sind zum Flirten geboren, dazu bestimmt. Flirten steckt uns Frauen in den Genen. Und wenn frau danach ist, flirtet sie mit jedem – mit ihrem Kind, ihrem Pudel, ihrem Nachbarn, ihren Freunden, ihren Männern. Meine kleine Tochter flirtete schon als Baby, als sie begann, ihre Umwelt wahrzunehmen. Niemand, außer vielleicht ihrer Mama, kann Papa so leicht um den Finger wickeln wie unser kleines Mädchen.

Flirten ist eine Kunst. Flirten macht fröhlich. Es ist der schnellste Weg, um aus einer misslichen Lage herauszukommen – Argumente schmelzen dahin, Strafzettel lösen sich in Luft auf, in einem vollen Restaurant wird auf einmal ein Tisch frei. Flirten erleichtert die Kommunikation. Du bekommst alles, was du dir wünschst noch einfacher und problemloser.

Flirten ist der Zugang einer Frau zu ihrer Lebenskraft. Es ist ein einfacher, fröhlicher Weg, sich durchzusetzen und das Leben so genussreich, erfüllend und spontan wie möglich zu machen.

106

Eine Frau, die flirtet, kann ein *Nein* in ein *Ja* verwandeln. Eine flirtende Frau kann die ganze Welt mit ihrem Enthusiasmus anstecken. Sie ist einfach prachtvoll. Sie ist schön, hat immer Spaß und fühlt sich mächtig. Sie spürt, was für sie selbst und andere richtig ist, sie vertraut ihren Instinkten. Sie braucht keinen Mann, niemanden, und kommt mit allen um sich herum gut aus. Sie verlangt das Beste von sich und anderen, da sie weiß, dass Erfüllung nicht nur möglich, sondern sozusagen ihr Geburtsrecht ist. Wirst du da nicht demütig angesichts all deiner Talente? Nicht nur Helena von Troja konnte tausend Schiffe mobilisieren. Baby, das kannst du auch!

Flirten ist eine Ganzkörpererfahrung. Eine Frau flirtet von den Zehenspitzen bis zum Scheitel. Sie fühlt sich gut und alle um sie herum auch. Denk an Mae West, denk an Julia Roberts' Lächeln. Jede Frau flirtet auf ihre eigene, unnachahmliche Weise. Sie zeigt damit, dass sie sich und andere auf ihre Weise schätzt. Manche Frauen legen den Kopf schräg, manche halten direkten Blickkontakt, andere schauen weg – *wie* du es machst, ist unerheblich. Du drückst dich immer mit deinem eigenen wundervollen Stil aus. Es geht nur darum, dass du dich liebst, dass du die Menschen um dich herum genießt und dir einen herauspickst, dem du dieses Gefühl zuteilwerden lässt. Du kannst nicht nur vom Hals aufwärts flirten. Wenn du deinem Gegenüber etwas vorspielst, siehst du ein bisschen aus wie eine Königin, die ihre Untertanen grüßt. Schenke also der Person, mit der du redest, Aufmerksamkeit, und lenke die Aufmerksamkeit von dir selbst ab. So kannst du dein Gegenüber in deinen Bann ziehen. Und das ist wiederum wichtig für die Erfüllung deiner Wünsche. Denn wenn du erkennst, an welchem Punkt sich jemand gerade befindet, kannst du ihn genau dort abholen.

Wenn ich mit einem neuen Göttinnen-Kurs beginne, fühlt sich am ersten Abend meistens niemand in Flirtlaune – außer mir und meinen Assistenten. Die neuen Teilnehmerinnen sind verängstigt, voller Zweifel und machen sich Sorgen, sie hätten den Verstand verloren, weil sie einen solchen Kurs besuchen. Zweifel ist ein großer Feind des Flirts. Und die meisten Frauen leben, wie ich herausgefunden habe, mehr oder weniger ständig in einem Zustand des Zweifels.

Aber in Wahrheit sind die Frauen beim Flirten an der Quelle. Kein Typ kriegt jemals den Hintern hoch, ohne dass eine Frau ihn in irgendeiner Hinsicht zu sich einlädt. (Vergewaltigung schließe ich hier bewusst aus. Vergewaltigung ist ein gewalttätiger Akt, keine sinnliche Begegnung.) Wir Frauen haben einfach die besseren Karten. Wir kontrollieren das Spiel. Wir sind die Jäger, nicht die Gejagten, auch wenn wir es anders aussehen lassen.

Du weißt doch, wie es geht. Du siehst einen süßen Typen in einer Bar und denkst: »Hmmm, der sieht aber gut aus …« Er scheint deinen Gedanken zu spüren, dass du etwas von ihm willst. Wie der Blitz steht er neben dir und fragt: »Was möchten Sie trinken?« Und du lässt ihn denken, dass das seine Idee war. Im Spiel zwischen Mann und Frau sind die Frauen die Initiatoren, während die Männer nur reagieren. Wir Frauen haben die Fähigkeit, andere durch unsere Wünsche einzuladen. Flirten schafft eine körperliche Reaktion.

Jetzt fragst du dich vielleicht: »Wie kann das sein? Das klingt ein bisschen zu einfach, zu schön, um wahr zu sein.« Nun, meine zweifelnden Schönen, ihr müsst nur einen Blick auf den besten Freund des Mannes werfen, um zu erkennen, dass meine Behauptung wahr ist. Ja, genau, Hunde können uns mehr über diesen Trick beibringen. Ihr könnt euch sicher alle Old Blue vorstellen, den alten Hund mit der grauen Schnauze, der den ganzen Tag auf der Veranda schläft – und wie sehr er sich verwandelt, wenn Princess, die Pudeldame von nebenan, heiß wird. Dann wird Old Blue auf einmal wach und wedelt aufgeregt mit dem Schwanz. Er rennt herum, bellt und springt – nur wegen Princess. Seine verwirrten Besitzer haben ihn schon seit Jahren nicht mehr so herumhüpfen sehen. Auffällig dabei ist, dass Old Blue sein Verlangen nach Princess gar nicht stillen muss, um diesen Energieschub zu bekommen – er muss nur in ihrer Nähe sein, wenn sie ihr weiblichstes, natürliches Selbst fühlt.

Menschen sind da nicht viel anders. Menschen können sogar Erregung erzeugen, indem sie nur an etwas Erregendes denken. Das kann kein anderes Säugetier. Du weißt doch, wie es läuft: Wenn du zu einem Date gehst, verbringst du Stunden damit, dich schön zu machen, und im Restaurant kannst du kaum etwas essen, so aufgeregt bist du. Und wenn du Vollgas gibst, spürst du, dass du jederzeit die Macht des Flirts abrufen kannst. Und glaube mir, wenn du das tust, merken die anderen das. Sie fühlen sich von dir angezogen.

Leider finden manche Frauen ihre Anziehungskraft beunruhigend, ja sogar störend. Frauen neigen aus gutem Grund dazu, ihren Magnetismus zu verbergen. Zum einen liegt das an den Verpflichtungen, die aus einem Flirt entstehen könnten: »Wenn er mich attraktiv findet, dann fragt er mich, ob ich mit ihm ausgehen will, und selbst wenn ich nicht will, sollte ich doch *Ja* sagen, um ihn nicht vor den Kopf zu stoßen.« Oder: »Und wenn mich sonst niemand fragt? Dann habe ich zumindest ihn.« Nein, meine Lieben, das hört sich nun wirklich nicht nach Spaß an, ebenso wenig wie: »Wenn ich ihn anmache, muss ich vielleicht mit ihm schlafen.« Uns Frauen wurde beigebracht, dass unser Charme für die Männerwelt bestimmt ist und nicht für unser eigenes Vergnügen und unsere Unterhaltung. Anstatt zu lernen, dass genau das die Essenz unseres Seins ist, wurde uns eingebläut, dass der verführerische Teil von uns schlecht und falsch ist. Wenn wir diese Botschaft verinnerlichen und uns zu sehr in die Arbeit stürzen, zu viel Druck, Stress oder Verpflichtungen haben, dann fährt unsere Flirtfähigkeit herunter. Glücklicherweise kannst du sie auch wieder hochfahren, um deine Energie auf deine Unterhaltung, deinen Spaß und deine Erfüllung zu richten. Und Spaß kann man nicht vorspielen. Wenn du ihn in dein Leben integrierst, dann wird das jeder merken – weil du einfach strahlst.

Eine meiner ersten göttlichen Schwestern, eine Werbeleiterin namens Clarissa, hatte das Flirten völlig aus ihrem Leben verbannt. Sie vertrat felsenfest die Überzeugung, dass Flirten nichts für sie sei und in ihrem Leben nichts zu suchen habe. Clarissa hatte das Gefühl, ernst sein zu müssen, um in ihrem Job weiterzukommen. Natürlich verlor sie dadurch komplett die Kontrolle. Sie war in Therapie und nahm Antidepressiva. Entspannen konnte sie sich nur, wenn sie Alkohol trank und Dates ganz vermied. Ich weiß, dass die göttliche Schwester Clarissa nur eine von vielen Frauen ist, die sich dafür entschieden haben, ihr wahres Selbst zu unterdrücken. Aber ich kann dir nur sagen, dass es absolut schädlich ist, wenn du deine Beziehung zum Flirt unterdrückst. Das ist fast so, als würdest du einem Vogel die Flügel beschneiden und dann von ihm erwarten, dass er fliegt (ganz davon abgesehen, dass er damit bestimmt nicht glücklich wäre).

Wie kannst du feststellen, wie flirtbereit du momentan im Leben bist? Nun, wie glücklich bist du, auf einer Skala von eins bis zehn? Wenn du deprimiert bist, wenn du dich unsicher fühlst, weil sich alle nach dir umdrehen, wenn du ein Restaurant betrittst, wenn dir das Selbstbewusstsein fehlt, um durch Flirten einen Strafzettel abzuwenden, dann gibst du dich mit weniger zufrieden, als dir als Frau zusteht. Ganz egal, wie du aussiehst, wie jung oder alt du bist, du besitzt alles, was du brauchst, um zu bekommen, was du willst – und zwar einfach nur, weil du eine Frau bist. Um wirklich glücklich zu sein, will eine Frau überall ihren Willen bekommen – im Konferenzraum wie im Schlafzimmer.

Veränderung findet dann statt, wenn wir unsere Gedanken ändern, meine Schönen. Ihr habt die Macht, Aufmerksamkeit zu kontrollieren.

Das Problem ist nur, dass wir unsere Schalter nur dann betätigen, wenn ein menschliches Objekt des Begehrens in der Nähe ist. Dabei könnten wir viel häufiger auf die richtigen Knöpfe drücken. Tägliches Flirt-Training würde uns allen nützen, ganz egal, ob gerade ein neuer Partner in Sicht ist oder nicht.

Du als Frau kontrollierst den Flirt, du kannst ihn einsetzen, wann und wo immer du willst. Wenn du mit Freunden in ein Restaurant gehst, hast du die Macht, Aufmerksamkeit zu erregen. Das hat nichts mit Aussehen oder Alter zu tun. Es hat nur etwas damit zu tun, wie sehr du mit dir selbst einverstanden bist und demzufolge auch mit den anderen Menschen in deinem Universum. Wenn du dein sinnliches Ich liebst, kannst du andere dazu bringen, diese Schönheit zu sehen. Flirten ist nichts anderes als enthusiastische Selbstliebe, die du in jeder Faser deines Seins erfährst und auf andere überspringen lässt.

Es ist eine Energie, die du ausstrahlst, nicht unähnlich einer Glühbirne mit einem Dimmer. Wenn du zum Beispiel eine verlassene Straße entlangläufst oder spätabends auf den Bus wartest, dann drehst du deinen Schalter so weit herunter, dass du fast unsichtbar wirst. Du senkst dein Enthusiasmus-Level und richtest deinen Fokus nach innen.

Ich war einmal Backstage bei einer Veranstaltung, um einer Freundin zu gratulieren, die als Alleinunterhalterin aufgetreten war. Die Schauspielerin Bette Midler und ihr Mann waren ebenfalls anwesend, genau wie andere Bewunderer. Bette hatte ihr Licht heruntergedreht. Niemand sah sie. Sie war unsichtbar. Als jedoch unsere Freundin, der Star des Abends, auftauchte, erwachte sie plötzlich zum Leben und wurde zur strahlenden, hinreißenden Schauspielerin Bette. Die Blitzlichter der Kameras flammten auf, da die Leute sie auf einmal erkannten. Nachdem sie unsere Freundin begrüßt hatte, wurde sie wieder unsichtbar und verschwand. Ihr alle habt diese Kontrolle über eure persönliche Anziehungskraft, es nur eine Frage der Übung.

Beim Flirten geht es einzig und allein darum, dass du Spaß hast. Dein Ziel ist es, dich zu amüsieren, was für alle die Stimmung verbessert. Jeder profitiert von einem guten Flirt. Das Geschenk des Flirtens belebt den Schenkenden und hebt die Laune des Beschenkten.

Evelyn, eine göttliche Schwester in den Fünfzigern, die gerade mitten in ihrer Scheidung steckte, hatte ihre Fähigkeit zu flirten völlig vergessen. Sie war tief verborgen unter jahrzehntelanger Frustration. Solange sie denken konnte, war Evelyn wütend auf ihren Mann. Genau wie der Zweifel, ist auch die Wut ein Feind des Flirtens, und die Folgen dieser lebenslangen Wut musste vor allem Evelyn ausbaden. Sie hatte sich selbst und ihre besten Seiten vergessen – du weißt schon, die süßen, anbetungswürdigen, vitalen, kraftvollen Teile. Als ich sie kennenlernte, sah Evelyn blass und asexuell aus. Als ich sie danach fragte, erzählte sie mir, dass in ihrer Kommode nur abgetragene Baumwollschlüpfer lägen. Ihre Kleidung war funktional und zugeknöpft. Sie strahlte keinerlei Lebensfreude aus. Aber sie machte sich daran, Mama Genas Techniken umzusetzen, und veränderte damit ihre ganze Welt. Aus einer trübsinnigen Situation wurde der größte Spaß. Eine der Übungen, die Evelyns Welt komplett auf den Kopf stellten, war »Bitte et Chat«, was auf Deutsch so viel bedeutet wie »Penis und Vulva«.

Im Kurs werden die göttlichen Schwestern bei dieser Übung aufgefordert zu flirten – in einem Laden, im Büro, auf dem Parkplatz –, einfach so zum Spaß. Wie das funktioniert, wisst ihr alle. Es ist sehr einfach. Du musst nur den Verkäufer an der Kasse anschauen und an deinen schönen, verführerischen Körper denken – oder vielleicht auch seinen Körper. Du kannst deine Gedanken in jede Richtung lenken, die sich gut anfühlt. Die Leute um dich herum kennen deine Gedanken nicht, sie wissen nur, dass sie sich auf magische Art und Weise zu dir hingezogen fühlen. Sie werden deine Aufmerksamkeit genießen und das Gefühl haben, dass du nur das Beste an ihnen bemerkst. Wie durch Zauberhand werden sie sich gegenseitig übertrumpfen, um dir zu geben, was du dir wünschst.

Kurz nachdem Evelyn mit diesem Spiel angefangen hatte, erwachte sie zu neuem Leben. Der Verkäufer vom Kiosk um die Ecke war bald bestens trainiert. Wenn sie jetzt zur Tür hereinkommt, reicht er ihr den Kaffee genauso, wie sie ihn gerne mag, ganz egal, wer in der Schlange vor ihr steht. Evelyn war so angetan vom Erfolg dieser neuen Technik, dass sie sie auch heimlich in der Arbeit anwendete. Sie schenkte Tony, dem Abteilungsleiter, ein strahlendes Lächeln, während sie gleichzeitig für ein angenehmes Gefühl in ihrem Schritt sorgte. Er reagierte sofort darauf. Evelyn machte die Sache solchen Spaß, dass sie weiter mit Tony flirtete. In der Woche darauf erschien er mit einem Toupet im Büro, was ihm ein verwegenes, attraktives Aussehen verlieh. Die göttliche Schwester Evelyn gab zu erkennen, dass ihr sein neuer Look gefiel. Am nächsten Tag hatte er eine Schachtel Donuts dabei und bot Evelyn einen davon an. Zufall? Vielleicht. Die göttliche Schwester Evelyn amüsierte sich auf jeden Fall prächtig mit all ihren Rittern in glänzender Rüstung – und auch die Ritter hatten Spaß. Evelyn liebt ihre neu entdeckte Macht. Weder schuldet sie Tony ein Date, noch erwartet er eines – ebenso wenig wie der Verkäufer im Kiosk oder der Autohändler, die alles für Evelyn tun. Ihnen geht es einfach nur um die Freude daran, sich um eine Göttin kümmern zu dürfen, die es genießt, Göttin zu sein. Alle diese Männer sonnen sich im funkelnden Strahlen dieser Frau. Und die göttliche Schwester Evelyn ist nicht die Einzige, der Tonys Toupet gefällt. Es gefällt auch Tonys Frau, seinen Kindern und ihm selbst.

Eine andere göttliche Schwester, Eve, hatte sich gerade von ihrem Freund getrennt, als sie zum ersten Mal in Mama Genas Kurs kam. Ihre beste Freundin, Annie, hatte sie mitgeschleppt. Da sie so tief in ihrem Elend versunken war, fühlte sie sich absolut nicht in der Stimmung zu flirten, als sie die Aufgabe »Bitte et Chat« bekam. Am liebsten hätte sie sich in ein Mauseloch verkrochen. Da schlug die göttliche Schwester Annie vor, sich gemeinsam an die Aufgabe zu machen, sich schick anzuziehen und auf eine Party zu gehen. Eve jammerte zwar, aber sie machte mit. Sie trafen sich bei Annie und amüsierten sich prächtig, während sie sich überlegten, was sie anziehen sollten, und sich schminkten. Sie beschlossen, auf der Party nur ihre Hausaufgaben zu machen – also nur flirten zu üben. Es ging nicht darum, einen neuen Mann oder neue Freunde zu finden, sie wollten einfach nur ihre Fähigkeit, sich gut zu unterhalten und Freude an sich zu haben, zum eigenen Vergnügen anwenden. Etwas anderes stand nicht auf dem Plan. Es war richtig befreiend.

Als sie auf der Party ankamen, fühlten sie sich bereits fantastisch, da sie schon im Vorfeld so viel Spaß gehabt hatten. Eve und Annie stellten fest, dass sie die gefragtesten Frauen auf der ganzen Party waren. Anscheinend wollte sich jeder mit ihnen unterhalten. Erstaunt beobachtete Annie, wie die göttliche Schwester Eve einen großen Saudi im Kaftan dazu brachte, ihr ein Glas Wein zu holen, während sie mit seinem besten Freund flirtete. Als Eve schließlich zu Annie kam, saß diese in einem Ledersessel, während ein Mann ihr Glas in der Hand hielt und ein anderer sie mit Hors d'œuvres fütterte. Das Highlight des Abends war für

Eve, als dieser süße Franzose sie zum Auto begleitete und sie nach ihrer Telefonnummer fragte, nachdem sie auch schon dem Saudi ihre Telefonnummer gegeben hatte. Wer war noch mal der Typ, wegen dem sie noch am Vormittag so traurig gewesen war? Wie war sein Name?

Flirten ist so sehr ein Teil dessen, was eine Frau ausmacht, dass seine Macht sogar jegliche Selbstzweifel auslöschen kann. Die göttliche Schwester Bess war bei ihrem ersten Mama-Gena-Kurs 65 Jahre alt. Sie meinte, sie hätte nie geflirtet – in ihrem ganzen Leben nicht. Da sie eine pragmatische Frau war, dachte sie: »Ach, was soll's? Ich versuche es einfach mal!« Sie legte Lippenstift auf und setzte ihre Baskenmütze schief auf, als sie mit ihrem Pudel Fluffy abends Gassi ging. Sie begann das Experiment mit einem Lächeln. Sie lächelte jeden an. Sie zwinkerte dem Mann am Zeitungsstand zu, blieb stehen und plauderte mit den Kellnern in ihrem Lieblingscafé und amüsierte sich prächtig auf ihrem Spaziergang durch die Stadt. Auf dem Rückweg trat Fluffy in Aktion. Anscheinend hatte sie das kecke Verhalten ihres Frauchens übernommen, denn als sich ein anderer Hundehalter bückte, um sie zu streicheln, sprang sie ihm einfach auf den Schoß. Die göttliche Schwester Bess war erst erschrocken und dann entzückt. Der Mann war zwanzig Jahre jünger als sie. Er besaß ebenfalls einen Hund und war genau wie Bess Single. Seit Fluffy sich bei ihm vorgestellt hat, flirten sie regelmäßig per E-Mail über ihre Hunde.

Tatsache ist: Flirten gibt dir Macht. Eine Frau, die in Kontakt mit ihren Flirtfähigkeiten steht, ist zutiefst lebendig. Sie wartet nicht darauf, dass der Mann den ersten Schritt macht, ebenso wenig, wie sie darauf wartet, bis sich die Schlafzimmertür hinter ihnen geschlossen hat. Nein, sie will jederzeit über diese Macht verfügen, damit sie sich überall unterhalten und amüsieren kann. Die meisten Frauen haben gelernt, dass sie nur dann flirten sollen, wenn sie etwas von jemandem wollen. Aber Flirten ist keine Währung. Es ist eine Aktivität, die du aus reinem Vergnügen betreiben solltest und nicht zu einem bestimmten Zweck. Flirten zu einem bestimmten Zweck ist Arbeit. Werden dir wunderbare Dinge passieren, wenn du flirtest? Absolut. Wirst du viele tolle Angebote bekommen? Absolut. Aber das ist nicht der Grund, aus dem du flirtest. Es geschieht nur zum Vergnügen aller.

Ihr müsst wissen, dass der Spaß in euch steckt, meine Lieben. Ihr könnt ihn überallhin mitnehmen … Ihr müsst nur üben, üben, üben! Damit ihr ein bisschen trainieren könnt, hat Mama euch ein paar inspirierende Übungen entworfen.

ÜBUNG

Mach ein bisschen »Bitte et Chat«. Geh hinaus und suche dir ein sicheres Umfeld zum Trainieren, zum Beispiel den Schaffner an der U-Bahn-Station. Frag ihn nach der richtigen Linie und denk dabei an deinen verführerischen Körper. Achte darauf, wie du dich dabei fühlst. Ob du ins Restaurant gehst, deinen Chef um eine Gehaltserhöhung bittest oder bei der Telefongesellschaft anrufst – mach dir lustvolle Gedanken. Achte auf deine Reaktion und auf die deines »Opfers«. Übe nicht nur, den Regler nach oben zu fahren, übe auch, ihn herunterzuschalten, wenn du zum Beispiel nachts alleine unterwegs bist.

ÜBUNG

Leih dir den Film *Ich bin kein Engel* von Mae West aus. Beobachte, wie sie ihre weiblichen Reize einsetzt (trotz ihres Umfangs und ihres Alters), um den Mann zu bekommen, den sie will. Woran denkt sie wohl, wenn sie mit all diesen Männern flirtet? Ja, meine Lieben, es gab auch in den Dreißigerjahren schon »Bitte et Chat«.

Leih dir *Basic Instinct* aus und beobachte Sharon Stone. Und dann geh aus dem Haus und übe. Versuche, den Typ an der Kasse im Supermarkt anzumachen. Achte darauf, wie du dich dabei fühlst (nicht er, du!). Benutze deine grundlegenden Instinkte.

ÜBUNG   *Flirte mit dir selbst*

Achte darauf, was dich persönlich anmacht. Was isst du zum Beispiel am liebsten? Iss diese Woche nur deine Lieblingsgerichte. Wenn möglich, leg die Leckereien in dein Lustkörbchen (Schokolade zum Beispiel oder einen Lutscher). Mach einen Frühjahrsputz zum Thema »Flirten«, um besser mit deinen Gedanken und Gefühlen über das, was dich anmacht, in Berührung zu kommen. Raus mit dem Alten, rein mit dem Neuen.

Die meisten Frauen haben keine Kontrolle über diese besondere weibliche Kunst. Eine göttliche Schwester kann jedoch anfangen, zu üben und danach zu leben! Da du jetzt deine Aufwärmübungen im Flirten gemacht hast, ist es an der Zeit, dass du die Kontrolle über dein Körperbild übernimmst. Du kannst Flirten als Zauberstab benutzen, um dich noch schöner zu machen, als du ohnehin schon bist. Welche Frau möchte das nicht? Lies weiter und finde alles darüber heraus.

Die weibliche Kunst, deine Schönheit anzunehmen

Es gibt einen Jungbrunnen: Er speist sich aus deinen
Gedanken, deinen Talenten, der Kreativität, die du in dein
Leben und das Leben der Menschen, die du liebst, bringst.
Wenn du lernst, diese Quelle anzuzapfen,
hast du das Alter wahrhaftig besiegt.
SOPHIA LOREN

Sich seiner Schönheit bewusst zu sein ist der Schlüssel zu wahrer Schönheit. Du musst dich kennen und deine Schönheit nutzen, um sie zu besitzen. Jede göttliche Schwester muss sich kennen und akzeptieren, wenn sie ihre eigene, besondere Schönheit besitzen will – ganz egal, wie oft andere ihr diese Schönheit bestätigen. Sich selbst zu lieben stärkt unsere Lebenskraft und macht uns noch schöner.

Unsere angeborene Schönheit ist nichts, wenn kein Enthusiasmus dahintersteckt. Deshalb kommen uns manche Frauen mit tollen körperlichen Attributen nicht besonders attraktiv vor, während wir andere, die objektiv nicht so perfekt gebaut sind, durch und durch schön finden. Die meisten von uns liegen irgendwo dazwischen, aber wir alle können, je nach Stimmung, die ganze Bandbreite von schön bis hässlich durchlaufen. Mich hat zum Beispiel immer erstaunt, wie sehr sich

Judy Garlands Aussehen von einem Foto zum anderen verändern konnte. Und damit meine ich nicht, dass an manchen Tagen die Frisur einfach nicht sitzt. Manchmal sah Judy aus wie eine Leinwandschönheit, während sie auf dem nächsten Bild schockierend hässlich wirkte, obwohl oft nur wenige Tage seit der Aufnahme des attraktiven Fotos vergangen waren. Ihre Gesichtszüge waren immer die gleichen, was war also passiert? Ich denke, dass Judy an den Tagen, an denen sie sich liebte, fabelhaft aussah, und an den Tagen, an denen sie sich nicht liebte, schrecklich aussah.

Schönheit kann man nicht so leicht erwerben, wie es uns plastische Chirurgen, Kieferorthopäden, Personal Trainer, Modellagenturen oder Frauenzeitschriften weismachen wollen. Es geht nicht nur um Äußerlichkeiten, meine Schönen. Seht euch doch nur die arme Jennifer Grey an – sie war so süß mit ihrer krummen Nase in *Dirty Dancing*. Die Welt verliebte sich in ihre einzigartige Schönheit. Schade nur, dass sie sie selbst offenbar nicht sehen konnte. Jetzt, nach der Nasenoperation, ist sie vielleicht in konventionellerem Sinne schön, aber ihre Schönheit hat verloren, weil sich die Besonderheit ihrer Gesichtszüge verändert hat.

Das Geheimnis der Schönheit ist, dass sie große innere Disziplin erfordert. Alles zu lieben, was wir haben – das Perfekte, das Eigenartige, das Hässliche –, ist eine Entscheidung, durch die Schönheit entsteht. Wenn du die richtige Atmosphäre für Schönheit schaffst und bewusst jeden Aspekt berücksichtigst, dann bleibt Schönheit erhalten. Freude am Leben, Zufriedenheit mit sich selbst, häufige Orgasmen und ein erfülltes sinnliches Leben tragen dazu bei. Wir alle sind in der Lage, unsere individuelle Schönheit in die Welt zu tragen, wir alle können attraktiv sein. Die Frage ist nur, wie *interessiert* sind wir daran, schön zu sein? Haben wir genug Interesse, um uns selbst komplett zu akzeptieren? Denkt sorgfältig darüber nach, meine Schönen, denn uns selbst und alle unsere Gaben vollständig zu akzeptieren ist der Preis, den die Schönheit verlangt.

Das Thema Selbstakzeptanz kommt in meinen Kursen oft schon früh zur Sprache. Ich frage meine Göttinnen nach ihren Erfahrungen mit ihrer individuellen Schönheit. Die göttliche Schwester Lane ist Model, und sie konnte ihren göttlichen Schwestern eines Abends eine tolle Geschichte über Akzeptanz erzählen. Sie wollte schon als kleines Mädchen Model werden. Ihre Barbie-Puppen schick zu machen war das Größte für sie. Als Teenager hielt sich Lane viel in New York City auf und versuchte, alle möglichen Leute aus der Modeszene kennenzulernen. Sie schickte ihre Fotos an unzählige Model-Agenturen, aber niemand wollte sie haben. Immer wurde ihr gesagt, sie sei zu dick und zu klein für diesen Beruf.

Aber Lane ließ sich nicht so leicht abwimmeln – sie wusste, was sie wollte, und sie wollte Model werden. Sie war einfach nicht bereit, ihren Traum aufzugeben, und letztendlich wurde ihre Hartnäckigkeit belohnt. Als Lane 21 war, kam auf einer Party ein Fotograf auf sie zu und bat sie, ihm Modell zu stehen. Das war der Beginn von Lanes Karriere, und sie wurde tatsächlich zum Topmodel. Mittlerweile ist sie in den Vierzigern, aber sie modelt immer noch und hat auch nicht vor, so bald damit aufzuhören.

Lane musste sich selbst lieben, um die Schönheit auszustrahlen, die nur durch Akzeptanz entsteht. Sie musste sich in ihren rundlichen, üppigen Körper verlieben, damit alle ihre Schönheit erkennen konnten. Der traditionellere, magere Körper eines Models hätte nicht die gleiche Wirkung gehabt. Und die göttliche Schwester Lane war so klug, das zu wissen.

Wie Lane muss jede von uns etwas außerhalb der Norm lieben, damit wir unsere Schönheit zeigen können. Wir alle sind Menschen und haben den einen oder anderen Körperteil, den wir nicht so schön finden. Um wahrhaft schön zu sein, müssen wir aber auch diese Teile von uns akzeptieren. Wir müssen unsere Stärken und Schwächen lieben, um so attraktiv zu sein, wie wir nur sein können. Das ist eine Chance, keine Last. Das Wundervolle dabei ist, dass wir unsere Schönheit unglaublich steigern können, indem wir einfach den Umgang mit unseren »negativen« Aspekten ändern. Mae West, eine meiner göttlichen Lieblingsschwestern, schrieb in *Goodness Had Nothing to Do with It:* »Eine Frau sollte so früh wie möglich im Leben beschließen, das Beste aus ihren natürlichen Vorzügen zu machen, und sich nie, nie herunterziehen lassen. Jede Frau kann ihre eigene Schönheit haben, wenn sie nur bereit ist, sich darauf einzulassen. Männer mögen so viele Dinge.«

Die göttliche Schwester Janice tat genau das. Sie gestand mir, dass sie ihre Brüste hasste. Sie war Bodybuilderin, und Bodybuilder verlieren viel Fettgewebe. Janice war zwar durchtrainiert und muskulös, hatte aber kaum Fettgewebe an der Brust, sodass ihre Brüste hingen, obwohl sie eigentlich sehr süß waren. Janice wollte sich Implantate einsetzen lassen, aber Mama überredete sie vorher zu einem Experiment. Ich gab ihr spezifische Anweisungen: Mehrmals am Tag musste Janice ihre Brüste ansehen und irgendetwas suchen, was ihr daran gefiel. Auf keinen Fall durfte sie darüber nachdenken, was ihren Brüsten ihrer Meinung nach fehlte, das hatte sie schließlich schon oft genug getan. Also stellte sich Janice vor einen Spiegel, schlüpfte aus ihrem Büstenhalter und sah sich an, was an ihren Brüsten *gut* war. Und siehe da, auf einmal gefiel ihr die Farbe ihrer Nippel, die Form ihrer Brüste, der glatte Goldton ihrer Haut und die Tatsache, dass sie überhaupt Brüste hatte.

Nachdem sie die Übung etwa eine Woche lang durchgezogen hatte, trat im Sportstudio ein Mann auf sie zu, mit dem sie noch nie zuvor gesprochen hatte. Er sagte: »Entschuldigen Sie, die Frage ist mir ein bisschen peinlich, aber haben Sie sich operieren lassen? Ihre Brüste sehen fabelhaft aus.« Janice war geschockt und erfreut zugleich. Auf einmal hatte sie das Gefühl, keine Implantate mehr zu brauchen.

Heute, Jahre später, wirkt die Lektion, die Janice damals lernte, nämlich einen Körperteil zu akzeptieren, den sie früher hasste, immer noch. Wenn sie darauf achtet, ihr ganzes Selbst anzunehmen, liebt Janice ihren Körper. Versinkt sie jedoch in Selbstkritik, hasst sie ihn. Janice weiß genau, dass es allein von ihr abhängt, wie attraktiv ihr Körper ist und wie die Welt darauf reagiert. Mich überrascht es kein bisschen, dass Janices derzeitiger Freund ihre Brüste *anbetet*. Wenn wir unsere Schönheit in Besitz nehmen, folgt die Welt unserem Beispiel.

Babette, eine meiner ehemaligen Schülerinnen, ging den Weg, den die göttliche Schwester Janice letztlich vermeiden konnte. Sie verschrieb sich den Äußerlichkeiten der Welt, den dominanten Vorstellungen dessen, was als »erstrebenswert« gilt – ein hohes Einkommen, Besitz, gesellschaftliches Prestige, der perfekte Körper –, anstatt ihren eigenen Lebensstil zu kreieren. Babette hatte einen reichen Mann geheiratet, um ebenfalls reich zu werden, doch sie fühlte sich arm. Sie hatte rasch hintereinander zwei Kinder bekommen, um Mitglied in diversen Gartenclubs und Kinderhilfsorganisationen zu werden und gesellschaftliche Anerkennung in ihrem versnobten Wohnviertel in New Jersey zu bekommen. Aber sich selbst akzeptieren, das konnte sie immer noch nicht. Nach der Geburt der Kinder hingen Babettes Brüste ein wenig. Um sich in ihrem Körper wieder wohlzufühlen, ließ sie sich die Brüste straffen, machte eine Fettabsaugung und ließ sich Botox spritzen.

Jetzt, nach all diesen kleinen Eingriffen, hat sie große Brüste, eine schmale Taille und keine einzige Falte. Aber die göttliche Schwester Babette zweifelt immer noch an sich, und das merkt man ihr an. Ohne jeden Grund ist sie besessen von dem Gedanken, ihr reicher Ehemann könne eine Affäre haben. Misstrauisch beäugt sie alle Frauen, mit denen er zusammenarbeitet. Ständig rennt sie zu irgendwelchen Kosmetikbehandlungen in die Spas der Stadt, aber nicht zu ihrem Vergnügen. Sie gibt extravagante Partys, die sie nicht genießt, weil sie sich unzulänglich fühlt. Gekauftes Glück macht eben nicht glücklich.

Frauen, die sich nicht an ihrem eigenen Geist, ihrer Sinnlichkeit, ihrer Persönlichkeit und ihren Vorlieben erfreuen, sind nie so schön, wie sie sein könnten. Schließlich ist es schwer, schön zu sein, wenn man ständig unsicher ist und sich Gedanken darüber macht, ob sich vielleicht morgen die Regeln ändern und man selbst dabei zurückbleibt. Du solltest immer daran denken, dass du die Schöpferin bist. Du machst die Regeln, du veränderst die Regeln, und deshalb kannst du nie auf der Strecke bleiben. Deine Energie kann aus dir heraus leuchten, weil du die Königin deines Lebensspiels bist. Sorgen oder Unsicherheit können dein Funkeln nicht ersticken. Alles, was du bist, ist darauf ausgerichtet, dass du dir den nächsten Wunsch, die nächste Laune erfüllst.

Die attraktivste Frau, die ich kenne, ist Dr. Vera Bodansky. Sie ist 65 Jahre alt, hat eine Krebserkrankung überstanden und ist von Beruf Sex-Forscherin. Sie und ihr Mann Steve haben an der More University in Kalifornien, einem Institut, das die sinnliche Lust erforscht, ihren Doktortitel erworben. Steve und Vera unterrichteten zwanzig Jahre lang an der Universität, bevor sie sich selbstständig machten und das bekannteste Buch über sexuelle

Lust schrieben: *Höhenflüge der Lust. IVO – Der intensive verlängerte Orgasmus.*

Vera ist eine Frau, die ihre Sinnlichkeit genießt. Wenn man Vera sieht, sieht man strahlende Weiblichkeit. Ihre Lebenskraft, ihre Liebe zum Leben, ist so stark, dass sie aus ihr heraus leuchtet. Natürlich sieht man Vera ihr Alter an – sie hat acht Enkelkinder –, aber wenn man sie ansieht, fällt als Erstes ihre taufrische Schönheit auf. Der Grund dafür, dass Vera (und alle Frauen mit einem erfüllten sinnlichen Leben) fabelhaft aussehen und von innen heraus strahlen, ist, dass diese achttausend Nervenendungen an der Klitoris gestreichelt werden. Wenn die Klitoris glücklich ist, erwacht der Körper, und dein ganzes Sein strahlt.

Wenn du erst einmal die Entscheidung getroffen hast, deine Schönheit zu akzeptieren, wirst du viel mehr leisten. Schönheit ist Macht – Macht, die uns allen mühelos zur Verfügung steht. Göttliche Schwestern ziehen sie aus ihrer Schönheit, während die meisten Frauen ihr ganzes Leben damit verbringen, Schönheit und all die anderen netten, kleinen Dinge des Lebens besitzen zu wollen, ohne jemals richtig anzukommen. Einer Frau, die ihre Schönheit in Besitz genommen hat, liegt die Welt zu Füßen.

Mit zwölf, zu Beginn meiner Pubertät, habe ich Barbra Streisand in dem Film *Funny Girl* gesehen. Ich habe mir den Streifen achtzehnmal angeschaut, weil sich vor meinen Augen die Macht einer Frau entfaltete, die beschlossen hatte, schön zu werden, trotz ihres unkonventionellen Aussehens. Schon damals war Barbra Streisand dabei, aus ihrem Leben ihr eigenes Märchen zu machen, einschließlich des gut aussehenden Prinzen. Ich habe die Botschaft dieses Films nie vergessen, und heute weiß ich, dass man nur daran glauben muss, um Träume wahr werden zu lassen. Barbra hat es geschafft. Und du kannst das auch.

Diana Vreeland hat gesagt: »Mach dir nie Gedanken wegen der Fakten, projiziere einfach ein Bild in die Öffentlichkeit.«

Und genauso hat sie es auch gemacht. Ein amerikanischer Journalist meinte einmal, die Mode-Expertin sehe aus wie diese Indianer aus Holz, die als Werbefiguren vor Tabakläden stehen. Die französischen Designer nannten sie »*jolie/laide*«, was so viel bedeutet wie »schön/hässlich«. Aber Diana ließ sich weder von Kritik noch vom Schubladendenken anderer runterziehen. Sie war viel zu sehr damit beschäftigt, die führende Persönlichkeit in der Welt der Mode und Eleganz zu werden. Diana war 25 Jahre lang Moderedakteurin bei *Harper's Bazaar* und Chefredakteurin der *Vogue*. Sie war originell, kreativ, unkonventionell und besaß die Macht, sich in eine Ikone zu verwandeln, wenn sie vorgab, was schön war. Ganz egal, was manche Leute über sie sagten, Diana wurde immer mit Schönheit in Verbindung gebracht. Sie wollte diese Verbindung herstellen, also tat sie es.

Jede Frau hat im Schönheitsspiel die gleichen Karten. Wir haben alle die gleiche Zahl an Stimmen. Zwar benehmen wir uns nicht alle so, als hätten wir ein Stimmrecht, aber in der Welt der Schönheit zählt letztlich nur, dass wir unsere Stimme für uns selbst abgeben. Die Meinung anderer Leute spielt absolut keine Rolle. Ihre Kommentare über uns dienen lediglich dazu, unserem Selbstbewusstsein ab und an etwas Auftrieb zu geben, damit es als Lebensretter fungieren kann, wenn wir zu ertrinken drohen. Die Meinung anderer Leute hat aber keine wirklich lang anhaltende Wirkung auf uns, ob positiv oder negativ. Sie gilt nur so viel wie der Stellenwert, den wir ihr einräumen. Noch einmal: Wir sind die Stimmberechtigten. Traurig ist nur, dass das den meisten Frauen nicht bewusst ist.

In einem Gespräch gestand mir die göttliche Schwester Terri, sie habe sich nie wirklich hübsch gefühlt. Ihr ganzes Leben lang kam sie sich dick, plump und unattraktiv vor. Eines Tages blätterte sie ein altes Fotoalbum durch und entdeckte Fotos von sich als Jugendliche und junge Frau. Schockiert stellte sie fest, wie schön sie eigentlich war. »Was für eine Verschwendung!«, sagte sie. »Ich wünschte, ich hätte damals realisiert, wie gut ich eigentlich aussah!« Diese Erfahrung machen viele Frauen – sie schauen sich alte Fotos an und sagen: »Was habe ich mir bloß dabei gedacht? Ich war gar nicht hässlich, ich war schön. Wenn ich das damals schon gewusst hätte, hätte ich das Leben viel mehr genossen!«

Ich sage nur: Mit ein bisschen Arbeit können wir uns alle so großartig sehen, wie wir sind. Da es vielen zur Gewohnheit geworden ist, sich nicht schön zu finden, kostet es vielleicht ein bisschen Mühe, sich daran zu gewöhnen, sich schön zu finden. Um eine positive Veränderungen im Leben herbeizuführen, ist es immer leichter, eine neue, gute Angewohnheit in den Alltag zu »integrieren«, als sich eine schlechte Angewohnheit abzutrainieren. Warum? Denkt einmal darüber nach. Ist es nicht viel schwieriger, sich etwas zu verbieten, als sich etwas zu erlauben? Ich denke schon.

Ich habe mir das Nägelkauen nur abgewöhnt, weil ich jede Woche einmal zur Maniküre gehe. Wenn ich damit aufhören würde, würde ich sofort wieder Nägel kauen. Und ich bin nicht die Einzige, die so denkt. Eine meiner göttlichen Schwestern hat in der letzten Zeit viel abgenommen. Ihre Methode war mehr Sport und mehr »Knabberzeug« – Karotten, Stangensellerie und anderes Gemüse, das sie den ganzen Tag über zu sich nahm. Diese göttliche Schwester sagte zu mir, sie verdanke ihren Erfolg dem »Hinzufügen« und nicht dem »Weglassen«. Für mich macht das absolut Sinn. Wir sind gierig, denn mehr fühlt sich immer besser an als weniger.

Abgesehen davon, dass ich regelmäßig zur Maniküre gehe, um nicht mehr an den Nägeln zu kauen, beobachtete ich andere um mich herum, um meine allgemeinen Schönheitsangewohnheiten zu verbessern. Ich bin 45 Jahre alt und sehe durchschnittlich aus, aber ich habe mich in eine erstaunlich heiße Frau verwandelt, einfach weil ich es so wollte. Die gleiche Möglichkeit steht auch dir offen. Meine Verwandlung fand statt, indem ich einfach andere Frauen, die in unterschiedlichen Bereichen schön waren, beobachtete und ihre Gewohnheiten übernahm. Ich stellte zum Beispiel fest, dass Frauen, die mir schön und sexy vorkamen, eine ganz andere Haltung hatten als ich. Fast war es so, als stünden sie in einem Schaufenster. Wie sie die Haare zurückwarfen, sich aufrecht hielten, sich hinsetzten, ihre anmutigen Gesten, die sagten: »Schaut mich an, ich bin so attraktiv!« Ich gewöhnte mir dieses Verhalten und diese Gesten an und stellte fest, dass ich mir dabei ziemlich glamourös vorkam. Diese einfachen Bewegungen halfen mir, mich selbst als schön wahrzunehmen – es war eigentlich das Prinzip des »So tun als ob«. Ich tat so, als sei ich schön, und letztendlich wurde ich schön, in meinen Augen und in den Augen anderer.

Ich hatte das Glück, ein paar Kommentare über mich zu hören, die mich vermuten ließen, dass meine Mission von Erfolg gekrönt war. Vor etwa acht Jahren leitete ich einen Kurs, und eine Frau beugte sich zu ihrer Freundin, zeigte mit dem Finger auf mich und sagte: »Weißt du, sie ist zwar keine Schönheit, aber sie tut so, als ob sie es sei.« Da wusste ich, dass ich auf dem richtigen Weg war.

Als ich später Vera kennenlernte, stellte ich fest, dass das Geheimnis ihrer Schönheit darin lag, dass sie ein intimes Verhältnis zu ihrer Ekstase hatte. Ich stellte fest, dass Menschen, die wirklich Freude an sich und ihrer Lust haben, immer schön sind. Ich beschloss, kommen zu lernen, damit ich auch diesen Teil meiner Existenz und meiner Schönheit in Anspruch nehmen konnte. Vera und Steve brachten es mir bei, und jetzt bringe ich anderen Frauen bei, wie sie dieses spezielle Leuchten bekommen.

Die göttliche Schwester Lane und andere Schönheiten, die meine Kurse besucht haben, haben ebenfalls geholfen, zu meiner Schönheit beizutragen. Mir fiel auf, dass alles, was Lane berührte, ebenso schön war wie sie – ihre Accessoires, ihr Geschirr, ihre Bettwäsche. Ich begann, mein Leben neu zu designen, sodass alles, was ich berührte, meine Schönheit widerspiegelte – mein edles Handy, das schöne Portemonnaie, die Cremetöpfchen im Bad, meine Schuhe, die Champagnerflöten im Schrank. Es muss nicht alles teuer sein, es muss nur bewusst und achtsam erworben werden.

Mir wurde klar, dass wir unsere Schönheit auf zahllose Arten akzeptieren können. Wir müssen uns nur umschauen und uns bemühen, unsere Vision von Schönheit in jede Bewegung, in jeden Gegenstand, mit dem wir uns umgeben, in jeden Gedanken und jedes Gefühl einzubringen. Lasst uns die Welt der Schönheit übernehmen und zu unserer eigenen machen. Lasst uns lernen, uns an der Schönheit zu erfreuen, mit der wir alle geboren wurden, und sie zu ehren. Jedes Baby ist schön. Jede Frau ist schön. Jede Schöpfung der Göttin ist schön.

Jeder hat Zeiten und Orte im Leben, in denen er sich schön fühlt. Wann ist das für dich der Fall? Nach großartigem Sex? Wenn du beim Friseur bist? Nach dem Sport? Nach einer Massage? Wenn du diese Bereiche zu identifizieren beginnst, kannst du sie ausweiten. Die göttliche Schwester Marlene fühlte sich zum Beispiel immer schön, wenn sie die Haare frisch frisiert hatte. Ihre göttlichen Schwestern rieten ihr daher, sich zweimal die Woche anstatt nur ab und zu beim Friseur hübsch machen zu lassen, und damit vertiefte sich ihr Gefühl für die eigene Schönheit. Oder die göttliche Schwester Fanny: Sie fühlt sich schön, wenn sie in ihre Tasche greift und alles ist perfekt organisiert an seinem Platz.

Ich habe einige Übungen kreiert, die dir dabei helfen, das Gefühl und die Erfahrung von Schönheit in dir und um dich herum zu fühlen und zu erfahren. Sie funktionieren perfekt – solange du sie auch machst. Am effektivsten sind sie tatsächlich, wenn du sie dir zur Gewohnheit machst. Na los, meine Göttinnen, schnappt euch ein Stück Schönheit und zeigt es herum, damit alle es sehen können! Wenn ihr euch selbst als Schönheit behandelt, werdet ihr nicht nur die Anerkennung ernten, die jeder Frau gebührt, sondern auch andere in eurer Umgebung inspirieren, das Gleiche zu tun. Indem ihr euer Leben mit Schönheit und Muschi erfüllt, leistet ihr euren Teil dazu, die Welt zu verbessern! Führt eure eigene Schönheitsrevolution an!

ÜBUNG   *Sei Aschenputtel und die gute Fee*

Wir alle haben Dinge im Leben, die wir gerne machen würden, uns aber selbst verwehren, weil wir nicht »schön« genug sind. Es ist Zeit, diese Grenze zu durchbrechen, meine Hübschen. Und mit dieser Übung könnt ihr genau das tun. Beantworte auf einem Blatt Papier folgende Frage: »Was wäre in meinem Leben anders, wenn ich schön wäre?« Mach eine Liste und lies sie vielleicht einer Freundin vor. Auf der Liste sollten mindestens fünf bis zwanzig Dinge stehen. Die Erkenntnisse, die du dabei bekommst, werden dich überraschen. Eine göttliche Schwester sagte, wenn sie schön wäre, würde sie netter zu ihrem Ehemann sein. Eine andere, die Single war, meinte, dann könne sie jeden Mann haben, den sie wolle. Bei dir ist es vielleicht eine Gehaltserhöhung, eine neue Wohnung oder toller Sex. Schau dir einfach an, was auf der Liste steht, und dann kannst du entscheiden, ob du eines dieser Ziele weiterverfolgen willst.

Wie du mit dir selbst redest

Sag mindestens dreimal am Tag laut zu dir selbst: »Ich bin schön.« Du kannst diesen lebensverändernden kleinen Satz sagen, während du die Straße entlanggehst, wenn du an einem Spiegel vorbeikommst oder an deinem Schreibtisch sitzt. Sooft du willst, kannst du auch nur denken »Ich bin schön«, aber du musst es mindestens dreimal am Tag laut sagen. Dabei kannst du dich auch vor einen Spiegel stellen und dir selbst zuzwinkern. Diese Übung verändert innerhalb weniger Sekunden deine Körperchemie von Selbstverneinung zur Selbstanbetung. Wenn du sie vor einer wichtigen Sitzung oder einem Dinner mit deinem Freund sagst, bist du genial! Du brauchst dir keine Gedanken mehr über die unbewussten Botschaften zu machen, die du jeden Tag aussendest; sie ändern sich von alleine, wenn du dich selbst von deiner Attraktivität überzeugst. Solange du dieses kleine Mantra in dein Leben integrierst, gibst du dir jedes Mal, wenn du es aussprichst, selbst eine kurze Schönheitsbehandlung.

ÜBUNG *Gestalte deine äußere Landschaft um*

Räum deinen Kleiderschrank auf. Schaff Raum in deinem Leben für Schönheit. Behalte nur die Kleidungsstücke, in denen du dich absolut schön findest. Trenne dich von allem, bei dem du Zweifel hast. Bring die Sachen in die Kleidersammlung oder zu einer Freundin. Räum die Kommode mit der Unterwäsche auf. Wirf die Schuhe weg, die dir nicht passen, den billigen Schmuck, den du nie trägst.

Diese Übung habe ich letztes Jahr mit Tante Beth gemacht. Wir haben zwanzig Tüten voller Kleidungsstücke aus meinem Schrank weggeworfen. Die Sachen waren in Ordnung, aber sie waren mir einfach nicht mehr sexy und schön genug. Danach hatte ich nur noch etwa fünf Kleidungsstücke im Schrank hängen. Als ich aufgeräumt hatte, geschahen auf einmal wundervolle Dinge – ein paar Designer schenkten mir wunderbare Kleider, eine liebe Freundin kaufte mir einen fantastischen Mantel und Stiefel. Vor meinen Augen begann sich mein Schrank wieder mit hübschen Sachen zu füllen, ohne dass ich Geld dafür ausgeben musste. Jetzt ist meine Garderobe zum ersten Mal in meinem Leben meiner würdig, und es wird immer noch besser. Das Gleiche kann auch dir passieren. Du musst nur darauf vertrauen, dass du durch die Macht deiner Wünsche unaufhaltsam schöner wirst. Wie kannst du dir so eine Chance entgehen lassen? Legt los, Mädels!

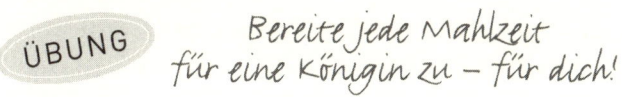

ÜBUNG   *Bereite jede Mahlzeit für eine Königin zu – für dich!*

Wenn du dein Leben prachtvoll gestaltest, hast du den ganzen Tag über ein gutes Gefühl. Wenn du nur tolle Sachen zum Anziehen hast, fühlst du dich sofort wundervoll, und du siehst sogar noch wundervoller aus, weil das Leben dir nur Lust bringt.

Übertrage diese Lektion auch auf die Küche. Achte darauf, dass du nur noch das isst, was du willst, und serviere es dir im großen Stil, wie für eine Königin. Wenn es Kartoffelchips sind, leg sie auf einen Teller von deinem Lieblingsporzellan. Iss den Quark aus einer Kristallschale. Du verstehst schon, löffele das Zeug nicht direkt aus dem Plastikbecher! Du musst jeden Bissen genießen. Du bist die Königin deiner Wünsche und deiner Welt – also benimm dich auch wie eine Königin, vor allem, wenn außer dir niemand zuschaut. Du hast das Beste verdient. Akzeptiere es.

 *Gestalte deine innere Landschaft um*

Viele göttliche Schwestern haben Macht und Frieden gefunden, indem sie die Schönheit in ihrem Leben akzeptierten. Kannst du dir ein Ritual vorstellen, das dein Leben schöner machen könnte? Für eine göttliche Schwester war es ganz einfach: Sie zündete alle Kerzen in ihrer Wohnung an. Dann kaufte sie Brot, Käse und Wein und setzte sich nackt auf den Boden vor ihren Spiegel. Dort las sie sich das Gedicht »Love after Love« von Derek Walcott vor.

Sei bereit, die Schönheit in dir mit Poesie, Tanz und Gesang zu feiern. Werde Expertin darin, in jedem Aspekt der Weiblichkeit Schönheit zu finden, ob du nun dick bist oder dünn, jung oder alt, klein oder groß. Die göttliche Schwester Paula gewann den Göttliche-Schwestern-Preis der Woche. Früher war sie in Sachen Schönheit vollkommen versnobt, aber nachdem sie am Kurs teilgenommen hatte, führte ihre Bereitschaft, sich selbst zu akzeptieren, dazu, dass sie sich mit allen Frauen, egal welcher Herkunft und Bildung, schwesterlich verbunden fühlte. Indem sie sich selbst fand, fand sie das, was alle Frauen verbindet.

 *Verliebe dich in dich selbst*

Schreib dir selbst einen Liebesbrief. Setz dich mit Blumen und Kerzen an deinen Schreibtisch. Leg schöne Musik auf. Schaff die richtige Atmosphäre – als ob du dein Liebhaber wärst, der dir einen Liebesbrief schreibt. Lies ihn laut vor. Wir nehmen uns alle nicht genug Zeit, uns wahrzunehmen und zu preisen. Zum einen macht es wirklich Spaß, und zum anderen hat es auch noch erstaunliche Konsequenzen. Die göttliche Schwester Ruth schrieb sich selbst einen sehr heißen und romantischen Liebesbrief. Sie war geschockt, als ihr Freund Ernest ihr zwei Wochen später seinen ersten Liebesbrief schrieb. Unheimlich daran war, dass seine Worte ihren eigenen Sätzen so sehr ähnelten, als hätte er ihre Gedanken gelesen. Hey, und wenn ein Mann schon einmal deine Gedanken liest, dann sollten sie zumindest köstlich sein!

LEKTION 7

Die weibliche Kunst, mit deinem inneren Biest Partys zu feiern

Erzähl mir nichts von Regeln, mein Lieber.
Wo ich bin, mache ich die Regeln.
MARIA CALLAS

Deine nächste Aufgabe – sofern du sie annimmst – besteht darin, mit mir 20 000 Meilen tief zu tauchen, um nach den wertvollsten, unzugänglichsten Perlen zu suchen, die es gibt. Sie liegen ganz tief in dir, verborgen in deiner dunklen Seite. Kommst du mit? Ein kurzer Moment des Zögerns ist normal, aber ich hoffe, du folgst mir. Denn es wird ein weiterer großer Schritt in Richtung Spaß und erfülltes Leben.

Unsere dunkle Seite ist ein Teil unseres Selbst, an den wir nur ungern denken. Es fällt uns leicht, effektiv, begabt, hübsch, charismatisch, zuverlässig, aufmerksam und hilfsbereit zu sein. Aber Missbilligung, Verletzung, Wut oder Verletzlichkeit zeigen wir nicht so gerne. All das gehört zu unserer dunklen Seite. Und um das Beste aus unseren strahlenden Eigenschaften herauszuholen, die wie Diamanten funkeln, müssen wir uns zuerst einmal unseren dunkelsten Emotionen stellen. Um die wundervolle Macht unseres individuellen Enthusiasmus, unserer Liebe und unseres Vergnügens anzuzapfen, können wir nicht immer nur das brave Mädchen sein.

Ja, meine Mutigen, eine göttliche Schwester zu sein bedeutet, alle Facetten der Göttin zu akzeptieren, nicht nur die fröhlichen und guten Seiten. Je besser deine Beziehung zu deiner dunklen Seite ist, desto glücklicher und ausgeglichener wirst du. Die weibliche Kunst, die ich dir beibringen möchte, ist, eine freundschaftliche und liebevolle Beziehung zu all deinen Mängeln und Schwächen aufzubauen. Es ist an der Zeit, dass du deine Wut, deine tiefe Traurigkeit, deine Eifersucht, deine Gier und deine Einsamkeit näher kennenlernst.

Du fragst dich jetzt vielleicht: »Warum müssen wir uns auf diese dunkle Reise begeben?« Dafür gibt es einen sehr guten Grund. Wir Frauen leben heutzutage in einer Wolke der unterdrückten Gefühle – wobei es sich hauptsächlich um das Gefühl der Wut handelt. Weißt du, woran ich merke, dass Frauen wütend sind? Sie werden wütend, wenn du ihnen sagst, sie seien wütend. Das liegt daran, dass viele Frauen ihr ganzes Leben lang versuchen, nett zu sein, und wenn diese nette Fassade einen Riss bekommt, quillt die ganze aufgestaute Wut heraus. Ich weiß aus persönlicher Erfahrung, dass man Wut oft jahrelang unterdrücken kann, dafür aber einen hohen Preis bezahlt.

Seit meinem zwölften Lebensjahr bis weit in die Dreißiger hinein litt ich an meiner Wut. Erst als ich begann, aus einer neuen Perspektive der Erfüllung und der Freude heraus zurückzublicken, bemerkte ich, wie sehr sie mein Leben verpestet hatte. Es machte mich wütend, dass es immer noch so viele Nachteile hatte, ein Mädchen zu sein. Ich fühlte mich entfremdet, einsam, undankbar, alleingelassen und angewidert. Aber ich drückte diese Gefühle nicht aus, sondern unterdrückte sie einfach. Ich wurde mürrisch und launisch. Ich aß zu viel, kaute Fingernägel und schaffte meinen Abschluss nicht.

Erst Jahre später, als ich langsam ein Gefühl dafür entwickelte, richtig zu sein, und begann, die Welt des Vergnügens zu erforschen, gestand ich mir zu, wütend zu sein und diese Wut konstruktiv zu nutzen. Wut ist wie eine Machete. Immer wenn ich sie auf meine Ziele richtete, konnte ich mir mit Leichtigkeit einen Weg durch das Dickicht des Lebens schlagen. Wenn ich sie jedoch gegen mich selbst oder gegen einen meiner Lieben richtete, konnte sie ernsthafte Verletzungen anrichten. Ich fühlte mich wirklich jämmerlich, als ich erkannte, wie sehr meine unterdrückte Wut mein Leben jahrelang reduziert hatte.

Die Wut einer Frau ist ein wertvolles Instrument, wenn sie in die richtigen Kanäle geleitet wird. Heute stehen viele Frauen kurz davor zu explodieren, aber da wir so umgänglich sind, merken wir es oft nicht.

Wir leben in Zeiten großer Veränderungen und widersprüchlicher Erwartungen, die nicht immer in Erfüllung gehen. Frauen haben mehr Möglichkeiten und Freiheiten als je zuvor, aber wir werden immer noch dazu erzogen, unsere Wünsche den Bedürfnissen anderer unterzuordnen. Wir haben kaum Erfahrung darin, zu unserer Identität, zu uns selbst, zu stehen. Unser soziales und wirtschaftliches Umfeld ändert sich rasch und bietet uns dabei die unterschiedlichsten Möglichkeiten. Oft setzen wir aber einfach nicht um, was wir eigentlich wollen. Unser Leben läuft wie auf Schienen – wir machen Karriere, wir gründen eine Familie, wir sind unglücklich.

Letztendlich bringt uns dieser Autopilot nicht allzu weit. Wir sind wütend, wenn unser Leben nicht so verläuft wie im Märchen, wenn das erhoffte Happy End ausbleibt. Wir werden erwachsen, gehen arbeiten und reden uns ein, dass Unabhängigkeit etwas Wunderbares ist. Aber irgendwie warten wir immer noch auf den Prinzen, der uns auf sein Schloss entführt, selbst wenn wir doppelt so viel verdienen wie der Prinz – was uns ebenfalls wütend macht. Selbst wenn unser Leben wie im

Märchen verläuft, sind wir wütend. Ein Prinz taucht auf, erwartet, dass wir unser fabelhaftes Leben für ihn aufgeben, ihm sein Essen kochen, seine Babys versorgen und ihm den Haushalt führen ... Das wollen wir aber nicht! Verantwortung für alles zu tragen, für Arbeit, Haushalt und Kindererziehung, macht uns wütend. Andererseits kann es eine Frau aber auch wirklich wütend machen, keinen Mann und keine Kinder zu haben.

Oh, es sind schwierige Zeiten, ob mit Mann oder ohne! Wir urteilen alle so streng über uns. Ich glaube, das ist das Schlimmste – wir sind zu streng mit uns. Wenn wir mit dreißig nicht reich, verheiratet oder beides sind, glauben wir, dass mit uns etwas nicht stimmt. Es ist allein die Wut über uns selbst, die uns so verkrampft, so humorlos so schwach sein lässt, wenn jemand uns missbilligt. Wir Frauen haben nur eine sehr kurze Zündschnur, und wenn die abgebrannt ist, sind wir wütend, defensiv, verbittert und verwirrt. Der einzige Weg aus diesem Dilemma ist, individuell zu entscheiden, was du möchtest, und dann deine Wünsche zielstrebig zu verfolgen. Ich will gar nicht behaupten, dass der Weg, für den du dich entscheidest, einfach sein wird, aber zumindest hast du dann eine Chance, für all deine Mühen belohnt zu werden und das zu bekommen, was du dir wirklich wünschst.

Wir müssen uns auf jeden Fall über unsere Wünsche klar werden. Und Wut kann uns dabei helfen. Wut ist oft ein Wegweiser zu jenen Bereichen in unserem Leben, in denen wir uns benachteiligt fühlen. Haben wir diese Brennpunkte der Wut, des Grolls, der Traurigkeit oder der Sehnsucht erst einmal lokalisiert, können wir beginnen, uns zu fragen, was diese Löcher füllen könnte und welche Schritte wir dazu als Erstes unternehmen sollten.

In welchen Bereichen bist du ein Sklave deines Lebens? Wenn es um Mode geht? Deinen Ehemann? Deine Kinder? Deinen Job? Du wirst erstaunt sein, wie viele Bereiche du benennen kannst, wenn du erst einmal damit angefangen hast. Bist du ein Sklave der Jugend? Des Geldes? Der Zeit? Hast du zu viel Angst, um den Job zu bekommen, den du eigentlich möchtest? Bist du zu resigniert, um deinem Mann genau zu sagen, was du im Bett willst? Unterwirfst du dich den Erwartungen anderer? Schließt du Kompromisse? Solange wir nicht wissen, was uns beherrscht, können wir keine Alternativen wählen. Zu identifizieren, was deine Welt beherrscht und dich einengt, ist daher ein äußerst wichtiger Schritt.

Mein Ziel ist es, deutlich zu machen, wo wir stehen, damit wir unsere Energie in eine positivere Richtung lenken können, vor allem zu unserem Vergnügen. Du hast die Wahl: Wut oder Vergnügen. Wir haben die Freiheit, uns zu entscheiden. Unsere aufgestaute Wut ist ein wundervoller Turbo-Antrieb, aber er kann auch großen Schaden anrichten, wenn er weiter in uns kocht und uns bitter macht. Mama möchte, dass du die Kunst erlernst, deine Wut zum eigenen Nutzen zu gebrauchen, anstatt unter ihr zu leiden. Du besitzt fruchtbares, emotionales Terrain, voller Energie, Leidenschaft und Leben. Mama möchte, dass du diese fruchtbare Erde beackerst, ohne von den Landminen deiner Wut zerrissen zu werden.

Wenn wir Frauen nicht zugeben, dass wir wütend sind, wenn wir nicht zugeben, dass wir uns im Krieg befinden, dann wird die ganze Welt unser Kampfgebiet. Wenn die Wut nie herausgelassen wird, drückt sie sich auf subversive Art und Weise aus. Wenn ich daran denke, was passieren kann, wenn Wut nicht konstruktiv verarbeitet wird, fällt mir die göttliche Schwester Catherine ein. Sie war so wütend auf ihren arbeitssüchtigen Ehemann Steven, dass sie Tausende von Dollar für unnötige Dinge ausgab, nur um ihn rasend zu machen. Catherine dachte nie daran, Steven einfach um etwas mehr Zeit und Aufmerksamkeit zu bitten. Sie wusste nur, dass er ihr Aufmerksamkeit schenkte, wenn seine Kreditkartenabrechnung kam. Diese Art der persönlichen Schlacht ist ein bisschen wie der Krieg in Vietnam – er dauert Jahrzehnte, niemand gewinnt, und am Ende vergisst du, warum du überhaupt gekämpft hast.

Nicht fokussierte, fließende Wut ist nicht hilfreich. Sie ist nur destruktiv. Die göttliche Schwester Catherine sah das schließlich auch ein. Indem sie sich selbst die Aufmerksamkeit schenkte, nach der sie sich sehnte, konnte sie Steven zeigen, dass ein besseres Gleichgewicht zwischen Arbeit und Freizeit (vor allem mit Catherine) ihnen beiden mehr Glück und Erfolg bringen würde. Dieser Bitte war er nie nachgekommen, als Catherine sie schreiend einforderte. Er hörte sie erst, als sie ruhig und ausgeglichen genug war, um freundlich mit ihm zu sprechen. Als Catherine ihre Wut kontrollieren konnte, war sie in der Lage, ihr Leben mit ihrem Mann so zu verändern, dass sie beide etwas davon hatten.

Wenn du eine göttliche Schwester bist, darfst du fühlen, was du fühlst. Fühle alles – die Wut, die Angst, die Einsamkeit. Lade sie zu dir ein, schreck nicht davor zurück. Wenn deine Gefühle zu fließen beginnen, sieh ihrer Macht ins Gesicht und frohlocke! Wüte! Schreie oder weine! Lass die Gefühle zu, die du hast. Es ist wichtig zu verstehen, dass deine Gefühle richtig sind. Deine Leidenschaft ist Teil deines Genies.

Manchmal fühlt sich eine göttliche Schwester zunächst unsicher, wenn sie ihre Wut ausdrücken soll. Barbara war eine meiner Göttinnen, die sich zunächst nur zögernd ihrer Wut auf ihren Freund Tom und ihre Mitbewohnerin Linda stellte. Barbara und Tom gingen oft zusammen aus und nahmen Linda mit. Linda war Single, und sie und Tom verstanden sich großartig. In der letzten Zeit ein wenig zu großartig für Barbaras Geschmack. Zuerst schmollte Barbara nur und lief mit einer trüben Miene herum. Wenn sie mit Tom alleine war, jammerte sie ihm wegen ihrer Unsicherheit und ihrem Verdacht gegenüber Linda die Ohren voll. Na ja, es war alles ziemlich blöd und unkonstruktiv. Nach ein paar Wochen im Kurs bekam Barbara langsam das

Gefühl, dass ihre Wut berechtigt war. Sie hatte ein Recht darauf, sich über das Verhalten von Tom und Linda zu ärgern, und sie hatte ein Recht darauf, sich gegen ein Verhalten zu wehren, das ihr missfiel. Was tat sie also? Barbara sagte zu Linda, sie solle Tom endlich in Ruhe lassen und sich einen eigenen Freund suchen.

Frauen, die keine Kontrolle über ihre widersprüchlichen Emotionen haben, können sich nur schwer durchsetzen, genau wie Barbara. Sind Frauen wütend, setzen sie ihre biologische Macht oft auf sehr subversive Weise ein. Nachdem Barbara jedoch Klartext gesprochen hatte, war der Krieg vorbei, und sie konnte weiter mit Linda befreundet sein. Als das Problem erst einmal ausgesprochen war, fühlte sich Barbara respektiert und stark, und Linda zollte ihrer Freundin Anerkennung, weil sie zu ihren Gefühlen stand.

Wenn wir uns machtlos, reizlos und unerfüllt fühlen, schleichen Frauen umeinander herum und hauen sich gegenseitig in die Pfanne. Ein kleiner Hinterhalt vor dem Lunch, ein kleiner Seitenhieb nach dem Tee. Hey – wir sind keine Gentlemen! Wir sind lustvoll, lasziv – hungrige Gäste auf dem Bankett des Lebens. Die meisten von uns haben jedoch nie richtig an der Festtafel gesessen. Wir waren nur Bedienstete, haben serviert, die Gäste begrüßt, die Mäntel entgegengenommen – haben versucht, von allem so viel wie möglich mitzubekommen. Um wirklich am Kopf der Festtafel unseres Lebens Platz zu nehmen, müssen wir die Richtigkeit unserer Gefühle und Wünsche akzeptieren und mutig danach handeln – und zwar immer.

Die meisten Frauen sind wütend auf Männer, ob wir es nun wissen oder nicht. Wir sind so wütend darüber, ignoriert, übergangen und klein gehalten zu werden, dass wir ohne Weiteres ein Loch in das Ruderboot unseres Lebens schießen und mit dem Boot untergehen würden, nur um zu sehen, wie der Typ neben uns das bekommt, was er verdient hat. Männer würden so etwas nie tun. Wenn sie bemerken würden, dass das Schiff, auf dem sie sich befinden, sinkt, würden sie dafür sorgen, dass ihre kleine Frau als Erste eine Schwimmweste bekommt. Schließlich hätte kein Mann auf einem solchen Boot so viele Generationen der Wut, der Frustration und der Enttäuschung hinter sich wie die Frau, die diesen selbstdestruktiven Akt begangen hat.

In Hinblick auf Wut und Verzweiflung ist es das Beste, das Problem einfach hinter sich zu lassen und seine Lebensenergie in etwas wesentlich Vergnüglicheres zu stecken. Das fand auch die göttliche Schwester Emma heraus. Nach 15 Jahren trennte sich Emmas Freund John von ihr. Er fühlte sich auf einmal zu jung, um in einer festen Beziehung zu leben, zu jung, um gebunden zu sein. Als John ihr sagte, es sei aus zwischen ihnen, war Emma zuerst wütend, dann am Boden zerstört. Sie hatte John geliebt und wollte ihn heiraten. Also ging sie zur Therapie. Dort ergriff sie die Chance zu überlegen, was zwischen ihr und John schiefgelaufen war, und ihr wurde gesagt, sie habe Probleme mit Intimität, weil sie Dinge aus ihrer Vergangenheit nicht richtig verarbeitet habe. Emmas Stimmung besserte sich durch die Therapie keineswegs, und als ihr eine Freundin von meinen Kursen erzählte, beschloss sie, zu mir zu kommen.

Schon im ersten Kurs fand sie heraus, dass Mama eine andere Lösung hatte. Ich stellte ihr ein paar Fragen und fand schnell heraus, dass sich Emmas ganzes Leben nur um John gedreht hatte (und ich brauche euch ja sicher nicht zu sagen, wie häufig diese Orbit-Mentalität unter Frauen zu finden ist. Ihr alle habt Freundinnen, die ihren Partner zum Mittelpunkt ihres Universums machen und sich ohne ihn verloren fühlen. In diesem Szenario sind sie jedoch leider selbst dann die größten Verlierer, wenn ihre Partner noch da sind.) Ich forderte Emma auf, hinauszugehen und so viel Spaß zu haben wie möglich. Und das muss ich ihr lassen – Emma machte ihre Sache gut. Sie begann mit anderen Männern auszugehen, arbeitete ehrenamtlich und traf sich mit ihren Freundinnen.

Weil sie ihr Leben erweiterte, hatte Emma mehr Spaß, und es machte auch anderen mehr Spaß, mit ihr zusammen zu sein. Sie sah besser aus denn je und genoss die Aufmerksamkeit der anderen Männer. Die göttliche Schwester Emma gelobte mir und den anderen Göttinnen in ihrem Kurs, dass sie sich nie mehr ein Bein ausreißen würde, um einen Mann zu halten. Es war viel zu viel Arbeit, ihn ständig zu umsorgen und zu bekochen, und es führte sie auch nicht zu ihrem Ziel, eine tolle, erfüllte Partnerschaft zu leben.

Nun, Emmas positive Erfahrungen waren noch nicht vorbei. Als ob er den Spaß gerochen hätte, kam John zurück und beschnüffelte die nun wesentlich interessantere und aufregendere Emma. Emma war erfreut (wer wäre das nicht, wenn ein Mann wieder angeschlichen kommt?) und begann sich erneut mit John zu treffen, ging aber auch weiterhin mit anderen Männern aus. Sie lebt jetzt in einer ganz neuen Situation. Sie genießt Johns Gesellschaft, ist aber keineswegs mehr sicher, ob sie ihn noch heiraten will. Sicher ist sie sich hingegen, dass der Spaß Auswirkung auf ihr Selbstbewusstsein, ihre Kommunikation und ihre Erfahrung gehabt hat.

Wie Emma hat auch die göttliche Schwester Laura, eine Steuerberaterin, einen Weg gefunden, um ihre Wut loszulassen und Spaß zu erleben. Bevor sie zu Mama Gena kam, war Laura zugeknöpft und kollegial ihren Kollegen gegenüber. Sie war die einzige Frau in einem Meer von Männern und fand insgeheim, dass ihre Kollegen alle viel zu viel arbeiteten und nicht jeden Klienten annehmen sollten. Sie fühlte sich überarbeitet und isoliert, und sie war wütend. Nachdem sie jedoch mit dem Unterricht in meinem Kurs begonnen hatte, wandte Laura ihre göttlichen Fähigkeiten auch im Büro an. Sie bat die Männer, Dinge für sie zu erledigen, die sie nicht gerne tat. Sie mussten noch einen weiteren Steuerberater einstellen, der sie unterstützte. Sie schlug vor, nur noch die Klienten anzunehmen, von denen sie auch wirklich überzeugt waren. Überrascht stellte sie fest, dass ihre Vorschläge auf Resonanz stießen. Früher hatte sie solche Angst, niedergemacht oder kritisiert zu werden, und nun brauchte sie nur den Mund aufzumachen, und ihre Kollegen erkannten, dass sie in wesentlichen Punkten zur Verbesserung des Arbeitsklimas beitrug.

Wie viele Frauen ist die göttliche Schwester Laura mit dem Grundsatz »Sei nett!« aufgewachsen. »Schweig über das, was du fühlst oder willst, vor allem dann, wenn es jemanden stören könnte.« Das bezeichne ich als das Barbie- oder Disney-Denken. Wenn wir nur nett und dekorativ sind, erleben wir nicht die ganze Bandbreite weiblicher Erfahrungen. Wenn wir uns nur als Barbie- oder Disney-Figur akzeptabel fühlen, leben wir ein sehr beschränktes Barbie- beziehungsweise Disney-Leben, in dem alles nichtssagend hübsch und glücklich ist (oder so endet). Wenn wir dieses Denkmodell nicht zurückweisen, werden wir nie zu unserer vollen Brillanz oder unseren dunkelsten, tiefschwarzen Abgründen vorstoßen. Ja, jetzt befinden wir uns wieder in der Höhle der bösen Göttin. Willkommen zu Hause.

Ich wäre nichts ohne meine dunkle Seite. Meine Wut ist eines meiner wirkungsvollsten Instrumente, wenn ich sie liebevoll einsetze. Neben meiner Wut befindet sich in meinem Werkzeugkasten auch noch meine Gier – meine große, lustvolle Gier. Ohne sie hätte ich kein Stadthaus, kein Strandhaus, keine Juwelen, keinen Pelz, keine Designerkleider. Auch meine Lust muss ich erwähnen – meine wilde, überschäumende Lust, mit der ich jedes Hindernis auf dem Weg zur Befriedigung überwinde. Sie ist meine größte Gabe. Meine Lust hat mich zu meinen süßesten Erinnerungen geführt – zu leichten, flüchtigen Küssen, aber auch zu innigen und tiefen Küssen, die die Ewigkeit berührten.

143

Ich glaube, dass Gier zum Wohle aller eingesetzt werden kann. Ich lasse nicht zu, dass meinen Wünschen etwas im Weg steht. Sie haben mich, meinen Mann, Freunde und Familie immer zu mehr Freude geleitet. Gier muss nicht zwangsläufig ein charakterlicher Makel sein. Ich glaube, wir alle sind im Grunde moralisch und großzügig. Doch wenn wir zutiefst unzufrieden sind, benehmen wir uns schlecht. Wenn du einen halb verhungerten Menschen an eine Festtafel setzt, wäre es unmenschlich und unrealistisch, ihn zu bitten, das meiste Essen für andere übrig zu lassen. Auf Frauen übertragen bedeutet das, dass wir so sehr nach Aufmerksamkeit, sinnlicher Befriedigung und einem Lebensstil, der zu uns passt, hungern, dass wir in jeder Form danach greifen.

Oft wissen wir Frauen gar nicht, dass unsere bodenlosen Wünsche doch einen Boden haben. Wir glauben, nie mehr eine Chance zu bekommen, unser schmerzliches Verlangen zu erfüllen, und deshalb greifen wir gierig nach jeder guten Gelegenheit, die sich bietet, wenn wir unsere Wünsche erst einmal erkannt haben. Wir geraten außer Kontrolle, wenn wir nur einen kleinen Vorgeschmack dessen bekommen, was uns erfüllt.

Und wie kannst du dich kontrollieren? Die Antwort: Folge deiner Lust. Gib ihr um jeden Preis nach. Lass dich von ihr erfüllen – ja, sogar auf Kosten anderer, wenn es sein muss. Wenn du erst einmal gelernt hast, Befriedigung zu empfinden, dann kannst du auch für andere Türen öffnen, damit sie diesen Weg für sich finden. Eine unerfüllte Frau kann nicht moralisch hochstehend handeln, sie wird alle Skrupel über Bord werfen, um ihren Hunger nach Lust zu stillen. Es macht dich glücklich, dich deiner Lust zu beugen, aber ich warne dich: Du musst dich auch über die Schuldgefühle hinwegsetzen.

Die göttliche Schwester Shawn war eine der Frauen, die Männer lieber meiden. Sie hatte Kevin kennengelernt, einen reichen Kerl, den sie als Sugar-Daddy betrachtete. Und als sie hatte, was sie wollte – ein Baby –, ließ sie sich von ihm scheiden. Als Mama sie kennenlernte, gab Shawn zu, dass es falsch gewesen war, nur des Geldes und des Babys wegen geheiratet zu haben. Auch ihre Scheidung bereute sie, weil ihr Kind nun ohne Vater aufwuchs. Daher versuchte sie, jeden Mann, mit dem sie sich traf, in die Vaterrolle zu zwingen, aber das ging natürlich jedes Mal daneben.

Du denkst vielleicht, dass die Männer Shawn alle verließen, weil sie nicht in die Vaterrolle gedrängt werden wollten, aber es lag vielmehr daran, dass Shawn nicht zugeben konnte, was sie wirklich wollte. In Wahrheit wollte sie – und das gestand sie nach einigen Wochen in ihrem ersten Kurs –, von ihrem Ex-mann unterstützt werden. Er sollte sich mit ihr das Sorgerecht für ihren Sohn David teilen, damit sie an drei Abenden in der Woche ausgehen und Spaß haben konnte. Außerdem wollte sie wieder zur Schule gehen. Doch Shawn hatte das Gefühl, das alles sei zu viel verlangt.

Letztendlich schlug Shawn nicht nur das gemeinsame Sorgerecht vor, sondern bat Kevin auch, ihr das Schulgeld zu be-zahlen, damit sie die Ausbildung machen konnte, die sie brauch-te, um sich und ihr Kind alleine durchbringen zu können. Er willigte ein. Es stellte sich heraus, dass Kevin viel daran lag, dass die Mutter seines Sohnes auf eigenen Beinen stand. Er liebt David und will, dass es ihm gut geht – und dazu gehört auch, dass die Mutter erfolgreich ist. Kevin willigte sogar ein, Shawns Miete und sämtliche Ausgaben zu bezahlen, solange sie zur Schule geht. Shawn war dankbar und glücklich über Kevins Unterstützung und freute sich umso mehr, dass sie den Mut ge-funden hatte, sich das zu holen, was sie wollte.

Das ist das Gute daran, wenn eine Frau anstrebt, was sie will, und es auch bekommt, dann sind alle glücklich, Shawn musste nur zu ihrem Spaß finden. Sie musste nicht mehr unbedingt nach einem Vater für ihren Sohn suchen, und zum ersten Mal in ihrem Leben hatte sie Spaß an Dates. Und auch Kevin war glücklich, dass diejenigen, die ihm am nächsten standen – Shawn und David –, endlich glücklich waren. Er konnte seinen Sohn mit großziehen und dabei so liebevoll bleiben, wie er immer gewesen war. David hat jetzt eine großartige Beziehung zu seiner Mom und seinem Dad. Sie lieben ihn beide sehr. Aber wenn Shawn, Kevin und David eine Familie im traditionellen Sinn geblieben wären, wäre es wohl sicher anders gekommen. Der einzige Weg zu unserem Glück liegt darin, dass wir definieren, wie unser Leben sein soll. Wir sind dafür verantwortlich, diesen Weg entschlossen zu verfolgen, Traditionen hin oder her.

Ich glaube, die größte Herausforderung für eine göttliche Schwester ist herauszufinden, welche Teile ihrer selbst sie versteckt. Ihnen muss sie sich widmen. Wut ist ein riesiges Territorium, das die meisten Frauen noch nicht erforscht haben, aber Neid, Gier, Lust und Angst können ebenfalls in unserer dunklen Seite wohnen. Angst ist vielleicht am heimtückischsten. In meiner Zeit als Schauspielerin, vom College bis zum Alter von etwa 32, mangelte es mir nicht an Talent. Ich war eigentlich eine sehr gute Schauspielerin. Ich konnte alles – ich sah gut aus, sang, besaß ein Ohr für Dialekte, makelloses Timing und ein großes Repertoire. Aber etwas viel Größeres als mein Talent stand mir im Weg: die Angst vor meiner Begabung. Angst hatte ich reichlich. Und ich war vertraut mit ihr – sie war wie ein alter Mantel, dessen Geruch ich kannte. Wenn ich den alten Fetzen trug, war ich sicher.

Ich war sicher davor, beobachtet und für meine Großartigkeit verantwortlich gemacht zu werden. Ich weiß noch, dass ich einmal einen Brief an meinen Lieblingsregisseur und Inhaber eines Theaters geschrieben habe und ihm eine Rolle absagte, weil ich Wichtigeres vorhatte. Und was konnte wichtiger sein? In New York zu bleiben, in Therapie zu gehen und Schauspielunterricht zu nehmen. In meinen Terminkalender passte eine Rolle, die mir vielleicht den Durchbruch gebracht hätte, nicht hinein. Die Rolle war die Celia in *Wie es euch gefällt*, in einem fantastischen Theater in den Berkshires. Sie hätte mein Leben verändern können.

Je älter ich wurde, desto mehr versteckte ich mich, erstellte lange Listen voller Gründe, warum ich in meiner Karriere, in meinen Beziehungen, in meinem Glück nicht weiterkam. Und ich verteidigte meine Unbeweglichkeit mit großer Überzeugung. Ich war absolut sicher, dass ich richtig handelte.

Die göttliche Schwester Lisa akzeptierte ihre Großartigkeit ebenfalls nicht. Im Grunde widmete sie all ihre Zeit der Wall-Street-Kanzlei, in der sie arbeitete. Sie hatte eine solche Scheu davor, nach einer Gehaltserhöhung zu bitten, dass sie es nie tat. Die Partner in der Kanzlei nahmen Lisas Zurückhaltung als mangelnden Ehrgeiz wahr und gaben ihr mit der Zeit immer weniger Verantwortung. Als sie zu Mama kam, war Lisas Jahresgehalt gerade um 20 000 Dollar gekürzt worden.

Eine andere göttliche Schwester war eine äußerst begabte Malerin und Töpferin. Sie hatte sich in den letzten zwanzig Jahren in New York mit Aushilfsjobs über Wasser gehalten. Ihre Eltern bezahlten ihre Miete, da ihr spärliches Gehalt kaum zum Leben reichte, und sie beklagte sich ständig, keine Zeit für ihre Kunst zu haben. Außerdem ging sie grundsätzlich *nie* mit einem Mann aus, den sie ihren Eltern hätte vorstellen können. Alle ihre Männer waren zwanzig Jahre jünger, Alkoholiker oder in eine andere Frau verliebt.

Puh! Diese Beispiele machen mich immer fertig. Man kann genau sehen, wie uns die Angst davor, etwas zu leisten oder unsere großen Träume zu verfolgen, jahrelang gefangen halten kann. Ich glaube, Frauen sind besonders empfänglich für diesen

Zustand, weil es so einfach ist, dieser leisen, zweifelnden Stimme zu lauschen, die flüstert: »Du bist einfach nicht gut genug.« In meinen Kursen werden die Frauen erst einmal ordentlich wachgerüttelt, weil sie sich mit dieser reduzierten Sicht ihrer selbst richtig wohlgefühlt haben. Ich sehne mich danach, Frauen auf ihren rechtmäßigen Platz auf dem Thron der Möglichkeit zu setzen. Es ist jedoch eine Herausforderung, den bequemen Sessel im Zuschauerraum zu verlassen und selbst die Bühne des unbegrenzten Potenzials zu betreten.

Viele Frauen haben schreckliche Angst davor, ihr volles emotionales, spirituelles und sexuelles Potenzial zu erfahren, weil ihre angeborene Macht sie einschüchtert. Wenn du nie dein Kissen vollgeweint hast, dann hast du Angst, dein Tränenstrom könne dich überwältigen. Wenn du nie deine Wut voll ausgelebt hast, dann hast du vielleicht Angst, sie könne dich verletzen oder gar vernichten, wenn du ihr freien Lauf lässt. Wenn du nie gelernt hast zu kommen, dann hast du Angst, deine unterdrückte Sexualität könne dich so sehr beherrschen, dass nichts anderes mehr zählt als dieses rohe, hungrige, pochende Verlangen. Wenn du nie alles gegeben und verloren hast, dann wirst du dich an keinem Spiel mehr beteiligen wollen, aus Angst, dein Scheitern nicht zu überleben.

Mama lädt dich ein, deiner Angst zu begegnen. Deine Angst ist deine Gabe. Genau wie die Wut ist sie ein innerer Hinweis auf deine Großartigkeit. Du wirst natürlich bei deinen ersten Schritten jenseits des ausgetretenen Pfades Angst haben und vielleicht auf dem Eis deiner Brillanz ins Schlittern geraten. Nimm die Angst als positives Zeichen. Oft ist Angst ein Zeichen dafür, dass du etwas Gutem, etwas wirklich Wertvollem auf der Spur bist. Du kannst üben, die Angst willkommen zu heißen, sie hereinzubitten. Versucht das einmal, meine Lieben. Da die Angst nicht verschwindet, lernt, mit ihr zu tanzen.

Der einzige Weg aus der Angst heraus führt mitten durch sie

hindurch. Angst gehört zum Leben, ob du gebierst, dich selbstständig machst, ein Bild malst oder dich verliebst. Die, die uns mit ihrer Kreativität und ihrem Mut zum Staunen bringen, wissen, dass die Angst nachlässt, wenn man sie akzeptiert. Madonna zum Beispiel pickt sich am liebsten das heraus, wovor sie am meisten Angst hat. Auf ihrem neuesten Album und ihrer Tour begleitet sie sich selbst auf der Gitarre. Das müsste sie nicht tun. Sie ist eine großartige Sängerin, Tänzerin und Entertainerin. Aber Madonna hat gelernt, ihre Kreativität mit ihrer Angst zu beflügeln. Bei allem, was das Leben besonders macht, brauchen wir einen kleinen Schauder, den das Unbekannte, das noch nicht Erlebte hervorruft.

Die göttliche Schwester Carmen lernte das, als sie vor Kurzem ein Bewerbungsgespräch hatte. Sie war sehr nervös. Sie wusste, dass der potenzielle Arbeitgeber ihr für diese Position 70 000 Dollar anbieten würde, und war auch eigentlich einverstanden damit, sie fragte sich aber, ob sie nicht mehr verlangen sollte. Mein Ratschlag lautete: Schlage eine Summe vor, die dir Angst macht. Wenn sie dir keine Angst macht, ist es nicht genug. Wir Frauen geben uns gerne mit »ein bisschen weniger« zufrieden, dabei sollten wir lieber »ein bisschen mehr« verlangen. Warum sollten Tom Cruise oder Harrison Ford mehr verdienen als Julia Roberts?

Das sagte ich auch der göttlichen Schwester Carmen und drängte sie, mehr zu verlangen. Also ging sie zu dem Gespräch und verlangte stattdessen 90 000 Dollar. Und weißt du, was passierte? Sie wurde für ihren Mut belohnt und war außer sich vor Freude, als sie den Job bekam mit einem Gehalt, das sie nie für möglich gehalten hätte. Sich zufriedenzugeben macht lange nicht so viel Spaß, wie etwas zu riskieren.

Auch die göttliche Schwester Joy war eine Frau, die sich selbst beschränkte. Sie musste daran arbeiten, das Potenzial zu akzeptieren, das sie in sich trug. Sie war in einer konservativen Familie aufgewachsen und war der Ansicht, Frauen sollten bei Männern *nie* den ersten Schritt machen. Joy war eine verführerische Frau, aber sie war dreißig und hatte noch nie einen Freund gehabt, nach dem sie wirklich verrückt gewesen wäre. All das änderte sich, als sie Mama kennenlernte. Danach war sie in Aspen und sah in einer Bar einen echt süßen Typen. Er bemerkte sie nicht, weil er so in Gedanken versunken war. Da sie aber gerade die Schule der weiblichen Künste abgeschlossen hatte, beschloss Joy, etwas zu tun, was sie noch nie zuvor getan hatte – sie ging zu dem Mann und sagte: »Hi! Wie heißen Sie?« Hast du irgendeinen Zweifel, dass unsere Schwester den Mann bekommen hat? Ich hoffe nicht, denn Joy und Rob sind jetzt schon seit zwei Monaten ein Paar.

Den Job zu bekommen, den du dir wünschst, das passende Gehalt und den Mann deiner Träume, verstehe ich als einen kleinen, aber bedeutenden Sieg. Bevor du ihn erringst, musst du jeden Tag aufs Neue deine Alltagsängste überwinden. Da gibt es aber auch noch die tiefere, ernstere Angst, die in dir aufsteigt, wenn du den Status quo riskierst, um einen vergnüglichen, selbstbezogenen Lebensstil zu finden. Je größer die Befriedigung ist, die dieser Weg verspricht, desto größer ist auch die Angst im Vorfeld. Wann immer du vor großen Herausforderungen des Lebens stehst und existenzielle Angst verspürst, geh einfach auf sie zu und warte ab, was passiert. Und wenn du auf wirkliches Entsetzen stößt, kann ich nur sagen: »Freu dich!« Die Chancen stehen gut, dass die Zukunft echt aufregend wird und mehr Spaß für dich bereithält, wie du je für möglich gehalten hättest.

Du musst nichts überstürzen und deine Ängste nicht alle auf einmal über Bord werfen. Wenn du deine Spaß-Übungen aus den vorherigen Lektionen beibehältst, wirst du feststellen, dass du offener wirst, lebhafter und frecher, mutiger und draufgängerischer, als du vielleicht gedacht hättest. Und das ist erst der Anfang! Ich zeige dir Techniken, die dir dabei helfen, die hartnäckigen, wilden Ängste zu zähmen. Sei bereit für eine große Veränderung in deiner Welt – sei darauf vorbereitet, mehr Gelegenheiten zu ergreifen, als du dir je hast träumen lassen!

ÜBUNG   *Der Brief*

Schreib einen Brief an jemanden, auf den du wütend bist. Schreib dir alles von der Seele. Das Ziel dieser Übung ist, dir zu zeigen, dass deine Wut nicht von ungefähr kommt, sondern sehr spezifisch ist. Sie ist nicht grundlos, sie kann ausgedrückt und zerstreut werden. Ich empfehle dir allerdings nicht, deinen Wutbrief abzuschicken. Konzentriere dich nur darauf, ihn zu schreiben, das ist der befreiende Akt.

Wenn du den Brief geschrieben hast, leg ihn beiseite und lies ihn nach ein oder zwei Wochen noch einmal, um zu sehen, ob du noch etwas zu dem Thema hinzufügen möchtest. Dein Ziel sollte es sein, mit ihm/ihr/ihnen *ohne* Wut zu kommunizieren. Denn Wut verhindert Kommunikation. Wenn du feststellst, dass du immer noch zu wütend bist, um ruhig mit der Person zu sprechen, mach die nächste Übung, den Frühjahrsputz, um deine restliche Wut aufzulösen. Dann leg den Brief in eine Schublade. Nimm ihn eine Woche später wieder heraus. Wenn die negativen Gefühle jetzt *immer noch* nicht weniger geworden sind, fang noch einmal an zu schreiben. Nutze die Gelegenheit, schreib alles auf, was du tatsächlich sagen möchtest. Beschreibe Übergriffigkeiten, Beschränkungen, Unzulänglichkeiten. Sei böse und gemein. Lass alles heraus. Mach es auf dem Papier schlimmer, als es in Wirklichkeit ist. Halte dich nicht zurück! Schließlich ergießt sich deine Wut nur auf einem Blatt Papier, das anschließend in eine Schublade gelegt wird.

Frühjahrsputz – Wut

Das Ziel dieser Übung ist es, deinen Schrank von dem Staub deiner Wut und deines Grolls zu befreien, der sich dort angesammelt und wertvollen Platz weggenommen hat. Diese Übung räumt mit all den alten Gefühlen auf, sodass du offen wirst für neue, vergnüglichere Dinge. Du kannst diese Übung allein oder mit einem Partner machen.

Frühjahrsputz, allein

Vollzieht eine göttliche Schwester diesen Prozess alleine, stellt sie sich laut Fragen und beantwortet diese auch. Zum Beispiel so:

Frage dich: »Was fällt dir zu ›Wut‹ ein?« (Diese Frage ist immer dieselbe und wird auf einfache, ausdruckslose Weise gestellt.
Antworte dir (zum Beispiel): »Ich bin wütend auf meine Mutter.«
Erwidere: »Danke.« (einfach, ausdruckslos, aber nicht wie ein Roboter).

Anstelle des Wortes »Wut« kannst du auch den Namen von jemandem einsetzen, auf den du wütend bist, deine Mutter zum Beispiel, deinen Freund oder deinen Chef. Mach diese Übung fünfzehn Minuten lang, indem du dir immer wieder die Frage stellst und darauf antwortest.

Du kannst diese Übung auch mit einer Freundin machen, wobei eine göttliche Schwester die Frage stellt, und die andere antwortet. Die Übung muss absolut vertraulich sein. Jede Person macht sie eine Viertelstunde lang, dann wird gewechselt.

Das Geschenk

Schick jemandem, den du hasst, anonym ein Geschenk. Was für ein Gefühl erzeugt das in dir? Hasst du ihn immer noch? Oder magst du ihn jetzt lieber? Das ist eine meiner Lieblingsübungen, weil sie so ungewohnt ist. Normalerweise schenken wir nur den Menschen etwas, die wir mögen, und nicht denen, die wir nicht mögen oder auf die wir wütend sind. Aber wenn du jemandem etwas schenkst, beginnst du ihn tatsächlich mehr zu mögen. Es fühlt sich gut an, Menschen zu mögen – es fühlt sich viel besser an, als sie nicht zu mögen. Und wenn du ein Geschenk für jemanden besorgst, kannst du beginnen, ihn zu mögen. Ich habe diese Übung einmal in einem Kurs mit meinen göttlichen Schwestern gemacht, und wir hatten alle unglaublich viel Spaß dabei. Die Gruppe ist sich sehr nahegekommen, weil sie ihre negativen Energien durch das Schenken in etwas Positives umwandeln konnte.

Das Gedicht

Schreib dein eigenes Wut-Mantra oder Wut-Gedicht. Konzentriere dich darauf, die Gedanken und Gefühle über deinen Ärger in Worte zu fassen, und achte dabei auf ihre klärende und heilende Wirkung. Wenn ich diese Übung mache, empfinde ich unglaubliche Erleichterung und Entspannung. Ist das bei dir auch so? Oder fühlst du etwas anderes? Mach diese Übung, sooft du willst.

Als Beispiele führe ich hier Gedichte auf, die andere göttliche Schwestern geschrieben haben. Eine göttliche Schwester in meinem Kurs beschrieb ihre Wut im folgenden Gedicht: »Wenn sie ihre Wut mehr lieben könnte, würde sie sich um sie schlingen und sie zu ihrem Motor machen«. Eine andere sprach in ihrem Gedicht mit dem Titel »Wut der Göttin – Ich feiere meine Wut« davon, dass sie »der Wut den Makel abwischt, sodass sie sich frei entfalten kann«.

Welche Emotionen setzen deine Worte frei?

ÜBUNG *Lies Lektion 4 noch einmal durch*

ÜBUNG *Tu jeden Tag etwas, das dir Angst macht*

Achte auf deine Ängste. Hast du Angst vor Bindung? Hast du Angst vor einem Jobwechsel? Angst davor, deinem Mann oder deiner besten Freundin die Wahrheit zu sagen? Angst vorzusprechen? Ein Kind zu kriegen?

In dieser Übung geht es nicht darum, die ganze Enchilada auf einmal in den Mund zu stecken. Es geht darum, kleine Schritte in Richtung deiner Angst zu machen. Du hast Angst davor, dein erstes Haus oder deine erste Wohnung zu kaufen? Besichtige ein paar Häuser. Du hast Angst vor Dates? Geh mit Freundinnen auf Partys. Du hast Angst davor, Kinder zu kriegen? Mach einen Termin bei deinem Gynäkologen. Kleine Schritte hin zu deinen Träumen bringen dich genauso zuverlässig dorthin wie große Sprünge.

Seid ihr heiß auf das Abenteuer? Seid ihr bereit, ein paar eurer Ängste abzulegen, meine Lieben? Denkt daran, Wut und andere negative Emotionen sind nicht schlimmer als ein Gewitter – wenn ihr Regenmantel und Gummistiefel anzieht, könnt ihr durch die Pfützen laufen. Na los, folgt mir, ich zeige euch den Weg.

LEKTION 8

Die weibliche Kunst, mit Männern umzugehen

Ein Mann hat am meisten von seiner Frau,
wenn sie ihren Spaß hat.
DR. VICTOR BARANCO

Es ist nicht immer leicht, das Programm zur Selbsterfüllung durchzuziehen und dabei auch noch einen Partner zu haben. Vielleicht ist es sogar noch schwieriger als früher, weil das Tempo des modernen Lebens schneller geworden ist, weil du das Gefühl hast, Befriedigung zu finden ist, wie hinter einem Zug herzulaufen, der sich mit Lichtgeschwindigkeit entfernt. Geschlechterrollen entwickeln sich ständig, und du weißt nie, ob du noch den alten Standards entsprichst, ob du neue Regeln nicht kennst, ob du enttäuscht wirst, ob du Umstände schaffst, mit denen du nicht umgehen kannst oder Ergebnisse erzielst, die du nicht voraussehen konntest.

Wir versuchen es einfach immer weiter – was bleibt uns schließlich auch anderes übrig? Wir wollen nicht allein, unerfüllt, leer und traurig sein. Wir wollen Liebe finden. Arbeiten wir also an unseren Beziehungen. Aber wie wir wissen, können uns unsere Beziehungen allein nie vollständige Erfüllung bringen. Dafür müssen wir selbst aktiv werden. Und für gewöhnlich ziehen wir andere Menschen dann an, wenn wir uns selbst lieben.

Wenn du denkst, dass ein Mann dich zu wahrem Glück führt, bist du berauscht – ja, berauscht. Berauscht von Märchen wie Dornröschen, Aschenputtel oder Schneewittchen. Ich sage es hier noch einmal, weil ich es nicht oft genug sagen kann: Auf den Prinzen zu warten versetzt dein Leben und dein Glück in die Warteschleife. Denk doch mal nach – diese Märchen, mit denen du aufgewachsen bist, sind zu Zeiten der Gebrüder Grimm entstanden. Küss dich selbst aus deinem jahrhundertelangen Schlaf wach! Wenn du dem Prinzen den Zauberstab für dein Glück in die Hand gibst, kannst du dir jetzt schon ausmalen, was du bekommst – Scheidung, ein geringes Selbstbewusstsein, geringe Libido, gesundheitliche Probleme, Rezepte für Antidepressiva oder einfach nur viele Cocktails, die dich weiter betäuben, um mit deiner schon erfolgten Betäubung besser klarzukommen. Denn mit der Tatsache, dass keiner deiner Wünsche erfüllt wurde, wirst du nicht fertigwerden. Damit sie erfüllt werden, muss nämlich *deine* Kraft hinter allem stehen. Ja, es ist toll, wenn dein Mann dir den Rücken stärkt, aber du musst vorweggehen. Du – und nur du allein!

Wie bist du in Beziehungen mit Männern? Stolz? Glücklich? Erfüllt? Gefällt dir dein weibliches Ich? Wenn das der Fall ist – toll! Du gehörst zur zufriedenen Minderheit. Die meisten Frauen, die ich kennenlerne, haben eine Beschwerdeliste bezüglich Männern, die länger ist als ihre Wunschliste. Manche leiden an der Angst, sich überhaupt mit Männern zu treffen. Andere werden zu tobenden Furien, die den Männern die Schuld geben am Mangel an Liebe, Romantik, Respekt und tollem Sex in ihrem Leben. Nun, ich kann euch allen nur sagen: »Gebt nicht euren Männern die Schuld, meine Damen!« Auch hier tragt ihr alleine die Verantwortung für euer Vergnügen – nicht sie.

So viele Frauen suchen nach dem perfekten Mann. Männer, die nicht reich genug, klug genug oder sonst was sind, werden abgelehnt. Irgendetwas ist immer. Und viele Frauen, die einen

Mann haben, der gut genug ist, vermissen das angekündigte Happy End, weil wir uns selbst nicht eingestehen, was wir wollen, und unsere wahren Wünsche nie mitteilen. Ein Mann kann dir keine Erfüllung geben, wenn er nicht weiß, wie du es gerne hättest. Er kann nicht deine Träume wahrmachen, wenn er gar nicht weiß, welche Träume du hast. Er kann dich im Bett erst dann auf Wolke sieben bringen, wenn du ihm zeigst, wie es geht. Natürlich behaupten die Schwarzmaler immer, man könne einem alten Hund keine neuen Tricks beibringen, aber Männer sind Rohdiamanten, ein unbehauenes Stück Marmor, das darauf wartet, bearbeitet zu werden. Und wenn du deinen Mann zur Lust anleitest und ihn in deine Welt der Wünsche hineinlässt, wirst du überrascht sein, wie bereitwillig dein Partner mitmacht.

Männer neigen dazu, etwas angelaufen und staubig zu werden, wenn keine Frauen um sie herum sind. Jeder kennt diese alten Junggesellen – sie sind wie die Sachen von Großmutters Speicher, bedeckt mit Staub und Schmutz. Wenn ein Mann in direktem Kontakt mit einer Frau ist – wenn er ihr dabei hilft, ihre Wünsche zu erfüllen –, dann färbt etwas von ihrer Lebenskraft auf ihn ab. Ein Mann braucht Göttinnensaft, um so zivilisiert auszusehen, dass eine Frau an ihm interessiert ist. Du kennst doch sicher den Satz »Die Besten sind immer schon verheiratet«? Verheiratete Männer sehen deshalb so gut aus, weil eine Frau Einfluss darauf hat. Natürlich wirken sie attraktiver als der Single, der seit Monaten kein Date mehr hatte. Männer, die schon länger keine Frau mehr hatten, müssen eben ein bisschen mehr aufpoliert werden.

Sich selbst aufpolieren können Frauen mit ihrem Enthusiasmus. Es gibt Göttinnen in meinen Kursen, die sagen: »Da draußen gibt es so viele tolle Männer. Es macht mir solchen Spaß, Single zu sein und Dates zu haben!« Diese Frauen bleiben nicht lange allein, wenn sie es nicht wollen. Männer fühlen sich unwillkürlich zu einer Frau, die mit sich selbst Spaß hat, hingezogen. Glückliche Frauen wirken deshalb so unwiderstehlich, weil die Männer instinktiv wissen, dass eine Frau, die mit sich selbst gut auskommt, auch ihnen Vergnügen bereiten wird. In dieser Hinsicht haben Männer eine gute Wahrnehmung, weil sie einen wichtigen, unterbewerteten Charakterzug besitzen: Sie reagieren auf Frauen.

Ich liebe ja die Geschichte *Die Schöne und das Biest*. Den Disney-Klassiker schaue ich mir gerne mit meiner Tochter an. Warum? Weil er die Wahrheit zwischen Männern und Frauen zeigt. Wenn eine Frau einen wilden, ungezähmten Kerl mag und schätzt, verwandelt er sich in einen Prinzen. Will ich damit etwa sagen, dass jeder Mann ein wildes Tier ist? Na ja, jeder Mann ist zunächst unwissend und uninformiert über die Welt der Frau.

Das Geheimnis ist, dass Männer wirklich zu unserem Glück beitragen wollen. Ja, lies diesen Satz ruhig noch einmal. Du hast schon richtig verstanden. Männer wollen am Kreuzzug ekstatischer Frauen teilnehmen. Sie wissen nur nicht, wie. An so einen bereitwilligen Mann musst du nur anders herangehen. Bleib ganz ruhig. Du darfst ihn nicht angreifen, sondern musst ihn stattdessen auf deine Seite ziehen. Wenn du erst einmal deine Wünsche mit deinem Mann teilst, wird nicht nur deine Partnerschaft großartig, sondern auch der Mann wird begeistert sein, dass du ihn miteinbeziehst.

Wenn ich in meinem Kurs für Männer unterrichte, bin ich immer überwältigt, gerührt und tief bewegt von ihrer Bereitschaft und ihrem Interesse zu lernen, was uns Frauen eigentlich ausmacht. Sie wollen alles wissen – was uns glücklich macht, wie wir gerne geküsst und berührt werden möchten, was wir wollen. Ah, das ist überhaupt das größte Geheimnis für Männer – was wollen Frauen? Es ist allerdings auch das größte Geheimnis für die meisten Frauen.

Ich glaube, das ist immer der größte Schock für meine Göttinnen, dass sie Männer nicht fix und fertig bekommen. Wir denken alle, wir suchen nach diesem einen Seelengefährten, der uns versteht, unsere Gedanken liest und weiß, wie er uns erfüllt. Wir haben uns täuschen lassen vom Mythos des Ritters auf dem weißen Pferd, des Prinzen, des Retters, der uns aus unserem unerfüllten Leben in ein Zauberreich voller Glück entführt. In diesen Geschichten kennt er den Weg, räumt alle Hindernisse beiseite und braucht dabei keine Unterstützung von seiner zarten kleinen Frau. Nun, meine Lieben, je schneller ihr diese alberne Legende aus euren Köpfen verbannt, desto besser. Jeder, der je im Zauberreich gewesen ist, weiß, dass es dort keine Magie gibt – dort gibt es nur lange Warteschlangen, langweilige Karusellfahrten, schlechtes Essen und zu teure Souvenirs.

Schafft eine neue Geschichte, in der ihr diesen starken, weißen Hengst in eine glückliche Zukunft reitet. Wenn ihr wollt, könnt ihr mit einem Weiberhelden in den Sonnenuntergang reiten, aber ihr, meine Lieben, haltet die Zügel in der Hand, diese Vision ist eure – genau wie alles, was ihr dazu braucht, um sie zu erfüllen. Das Leben besteht nicht aus Warten. Hier sind ein paar grundlegende Prinzipien, die dir helfen, deinem eigenen Traumweg zu folgen.

Halte dich selbst für wertvoll

Wenn du geschätzt werden willst, musst du dich zuerst selbst schätzen und dann dem anderen zeigen, wie du behandelt werden möchtest. Das ist eine schwierige Aufgabe. Viele von uns Frauen wissen gar nicht so gut über sich Bescheid, um Männern die Informationen geben zu können, die sie brauchen, um uns glücklich zu machen. Denn wenn wir nicht wissen, was wir wollen, wie sollen wir es ihnen dann sagen? Aber wir nehmen uns nicht nur keine Zeit, unsere Wünsche zu erforschen, sondern wir erwarten auch noch, dass die Männer von vornherein wissen, was uns glücklich macht. Das ist genauso unverantwortlich, wie wenn man einem Investmentbanker die Leitung einer Gemüsefarm übertragen würde. Er mag ja vielleicht gerne Karotten essen, aber er hat deshalb noch lange keine Ahnung, wann er pflügen, säen und ernten muss. Der Banker ist vielleicht absolut bereit, diese Aufgabe zu übernehmen, und auch interessiert daran, alles zu lernen – aber genau wie du hat er eine Menge zu lernen, bevor er so eine Farm leiten kann.

Er soll dich massieren? Die Sachen aus der Reinigung abholen? Mit dir einen Einkaufsbummel machen? Sag es ihm. Frag ihn. Jemanden nett um etwas zu bitten ist ein erster Schritt. Sprich. Alles ist besser als kaltes Schweigen, hinter dem die Erwartung steht, dass er deine Gedanken lesen soll. Selbst wenn du mit einem Wahrsager zusammen bist, gibt es bestimmt wichtige Bereiche, die er nicht ergründen kann. Es liegt an euch, Göttinnen – ihr müsst eure Wünsche entdecken und sie äußern. Wenn ihr sie nicht formuliert, werdet ihr auch nicht alles bekommen.

Hör auf zu versuchen, die gute Freundin (oder Ehefrau) zu sein

Viele Frauen, die zu mir kommen, wollen unbedingt herausfinden, was Männer wollen. Doch diese Frauen heulen den falschen Mond an. Dein Erfolg in romantischen Beziehungen hat nichts damit zu tun, wie aufmerksam du mit deinem Mann umgehst. Wenn eine Frau ihre Zeit damit verbringt, sich zu sehr auf die Bedürfnisse ihres Mannes zu konzentrieren, wird er ziemlich schnell weg sein.

Er wird selbst dann das Weite suchen, wenn die Frau attraktiv und vermögend ist. Ich hatte eine sehr attraktive göttliche Schwester aus einer äußerst wohlhabenden Familie in Venezuela.

Daniela war dreißig und unverheiratet, sehr zu ihrem Kummer und dem ihrer Familie. Nun, unsere Kultur ist ja bereits chauvinistisch, aber die lateinamerikanische Kultur ist *muchomacho*-chauvinistisch. Die Frau war darauf trainiert, hübsch auszusehen, höflich zu sein, die richtigen Dinge zu sagen – im Grunde hatte man sie zur Kühlerfigur ausgebildet. Wenn sie mit einem Mann ausging, gab sie nie etwas über sich preis. Alle ihre Aktivitäten drehten sich nur um das, was der Mann wollte. Daniela hatte ihre Verhaltensweisen zutiefst verinnerlicht – sie wurde fast hysterisch bei dem Gedanken, einem Mann die Wahrheit zu sagen. Er sagte zum Beispiel: »In welchem Restaurant möchtest du gerne zu Abend essen?« Sie antwortete dann: »Wo immer du willst.« Er fragte sie, ob er ihr einen Gutenachtkuss geben könne, und Daniela sagte: »Wenn du möchtest.« Wenn ein Mann sie mit irgendeiner Äußerung verletzte oder beleidigte, dann ließ Daniela sich nie etwas anmerken. Die Männer, mit denen sie sich traf, wussten nie, ob sie Danielas Zuneigung gerade gewannen oder verloren, und meistens gaben sie nach ein oder zwei Dates auf.

Danielas Verhaltensweisen hatten sich so tief eingebrannt, dass selbst Mama Gena sie nicht überreden konnte, ihre Unterwürfigkeit aufzugeben und ihr eigenes Vergnügen zu suchen. Und ich brauche es gar nicht zu erwähnen – sie brach den Kurs bei mir ab. Und genau wie die Männer, mit denen sie zusammen war, hatte ich keine Ahnung, warum. Sie hat es mir nie gesagt. Sie war höflich, gut erzogen und kooperativ, aber sie äußerte nie eine Meinung oder einen Wunsch. Sie ging einfach wieder zurück nach Venezuela, in das Haus ihrer Eltern, in ihr einsames Leben.

Einen Mann anzuziehen hat überhaupt nichts damit zu tun, ob du hübsch, charmant oder sexy bist, ob du dünn bist, große Brüste hast, exotisch aussiehst, einen fremdländischen Akzent hast – was auch immer. Ob du für Männer attraktiv bist, hängt einzig und allein davon ab, ob du dich selbst schätzt, ob du deine Wünsche artikulieren kannst und ob du in der Gegenwart eines Mannes diese Wünsche genießt. Du musst so selbstbewusst sein, um positiv und offen zeigen zu können, was dir gefällt. Es ist verführerisch, wenn eine Frau das genießt, was sie will, und so eine erfüllte Frau ist unwiderstehlich für jeden Mann.

Denk daran, Männer lieben es, wenn Frauen Spaß haben, und sie lieben es auch, dazu beitragen zu können. Aber Männer wissen auch, dass sie nicht allein die Verantwortung für die Erfüllung einer Frau tragen können. Eine Frau, die ihre Wünsche nicht klar äußert, wird nie einen Mann finden, während eine Frau, die ihre Wünsche offenlegt, jeden Mann an sich fesseln kann. Denkt einmal darüber nach, meine Schönen. Wenn ihr meine Worte bezweifelt, seht euch einmal eine weitere übliche Dynamik zwischen Männern und Frauen an.

Hör auf, verzweifelt zu suchen

Ich muss es wissen, ich habe diese Geschichte erlebt. Als ich meinen Mann kennenlernte, war ich sehr besitzergreifend. Ich hatte lange keinen Mann mehr gehabt. Einer seiner Lehrer sagte zu Bruce, er solle einen großen Brocken Fleisch in meinen Käfig werfen, bevor er mich besuchte. Ich war absolut wild und hungrig! Damals lernte ich, dass eine Frau ihre Geilheit beherrschen muss. Geilsein ist nicht attraktiv. Bei einer geilen Frau denkt ein Mann: »Iiiih! Sie ist unersättlich! Wie soll ich sie jemals befriedigen?«

Eine Frau ist nicht ständig geil, sondern nur zeitweise, wenn sie bereit ist, sich Vergnügen zu bereiten, sich Aufmerksamkeit zu schenken und Aufmerksamkeit von anderen Quellen zu bekommen als nur von dem Mann, den sie gerade an Land ziehen möchte. Ein Mann kann eine zufriedene Frau viel leichter befriedigen, weil sie ihn nicht braucht. Sie ist ja bereits glücklich. Er ist eben nur das Tüpfelchen auf dem i. Gleichtzeitig der Bäcker, der Kuchen und der Zuckerguss sein zu müssen bedeutet für einen Mann viel zu viel Druck – aber genau das passiert, wenn eine Frau die Verantwortung für ihr Glück komplett in die Hände ihres Partners legt.

Eine Frau, die jeden Typen als potenziellen Ehemann betrachtet, achtet nicht auf ihre Wünsche, und sie schenkt auch den Männern, die in ihr Leben treten, keine Aufmerksamkeit. Sie macht sich so ihre Gedanken und fährt langsam durch die Gegend. Es ist interessant, von der Ehe besessene Frauen kommen häufig zu mir und sagen: »Ich möchte ja gerne einen Mann, aber da draußen gibt es keine guten.« Dann weiß ich immer sofort, dass sie eine Notfall-Reha von Mama Gena braucht. Bevor sie irgendetwas unternimmt, muss sie erst einmal erkennen, dass es da draußen Millionen wundervoller Männer gibt. Wenn sie bereit ist, für ihren Spaß selbst zu sorgen, ganz egal, mit wem sie gerade zusammen ist, braucht sie *den Einen* nicht zu finden. Er wird *sie* finden.

Eine Frau, die einen Ehemann will, braucht dieses Ziel also nur auf die Warmhalteplatte zu schieben. Sie muss damit beginnen, die Männer in ihrem Leben zu genießen und ihnen vor allem zu sagen, was sie wirklich will. Wenn eine Frau eine Ehe eingeht, ohne vorher gelernt zu haben, Männer zu genießen, hat sie sich damit bei einem Beziehungsmarathon angemeldet, ohne vorher auch nur einen einzigen Kilometer gelaufen zu sein.

Sperr das Biest wieder in den Käfig, wo es hingehört

Wenn du in einer Beziehung selbstgerecht wirst, ist das meistens der Anfang vom Ende. »Er sollte das tun, weil ich jenes gemacht habe«, »Wenn er jetzt nicht langsam …«, »Ich habe etwas

Besseres verdient« – all das sind Signale, die schnurstracks in die Vereinsamung führen. (Keiner von uns hat eigentlich Rechte. Wir haben Möglichkeiten und Privilegien, keine Rechte.) Genau in diesem Moment sollte jede göttliche Schwester eine Entscheidung treffen – Lust oder Wut. An dieser Kreuzung wirst du in einer Beziehung oft stehen: Soll ich mich jetzt für die Lust entscheiden oder die Wut? Eine der wichtigsten Lektionen, die ich in einem Coaching gelernt habe, war, meine Stimme eine Oktave herunterzuschrauben. Mir war nie klar gewesen, wie sehr sich Wut und Ungeduld auf meine Stimmlage auswirkten, wenn ich mit Männern sprach, bis man es mir eindrücklich vor Augen hielt.

Mein Anti-Kreisch-Training begann, kurz nachdem ich Bruce kennengelernt hatte. Damals war ich 33. Der arme Bruce bekam 33 Jahre Enttäuschung, Wut und Frustration mit Männern ab – Gefühle, die mir selbst noch nicht einmal bewusst waren. Dank eines Freundes, J.B., mäßigte ich jedoch meinen Tonfall und nahm das Kreischen aus meiner Stimme heraus, bevor ich meine Beziehung zu Bruce zerstörte. Wenn ich Bruce um etwas bat oder ihm etwas sagte, sprach ich wie eine Freundin zu ihm, nicht wie eine Feindin.

Zumindest war das so, wenn ich auf meine Stimmlage achtete, was nicht immer funktionierte, weil ich es manchmal schlichtweg vergaß. Bruce unterstützte mich dabei, wenn Spannungen aufkamen, half er mir, in freundlicherem Tonfall zu kommunizieren. Zum Glück hat er viel Humor. Er sagte dann zum Beispiel: »Ich würde das schrecklich gerne für dich tun, aber könntest du mich noch einmal netter fragen?«

Heutzutage fühlen sich Frauen als Opfer, wenn sie sich in einer Beziehung nicht wohlfühlen, und instinktiv treten sie nach dem Mann, der sie in diese Lage gebracht hat. Aber nicht der Mann hat uns dorthin gebracht – wir selbst sind für unsere Situation verantwortlich. Wir alle sind Produkte unserer Zeit, unserer Konditionierung, unserer Lebensumstände. Wir alle haben unseren Teil dazu beigetragen. Männer mögen ja vielleicht keine Ahnung von Frauen haben, aber ihre Mütter und Schwestern, ihre Freundinnen und Ehefrauen haben sie auch unwissend gehalten. Das können wir doch besser! Wir können beginnen, einander auf nette Weise die Wahrheit zu sagen. Wir können den Männern unsere Sicht so freundlich mitteilen, dass beide Seite etwas davon haben. Das kann für eine wütende Frau eine ziemliche Herausforderung sein. Aber wenn sie sich erst einmal an einen freundlicheren, netteren Umgangston gewöhnt hat, wird sie spüren, wie ihre Wut zerschmilzt und ihre Erfüllung wächst. Ist das nicht ein guter Tausch?

Übe defensives Dating

Als die göttliche Schwester Charlotte zu ihrem ersten Kurs kam, konnte sie kaum einen einzigen Wunsch benennen. Mittlerweile weiß sie eine ganze Menge über das, was sie mag, und ist deshalb wesentlich näher daran, einen Mann zu finden. Sie hat entdeckt, dass sie gerne alleine in Restaurants geht, dass sie viel Zeit braucht, um mit ihren Freundinnen zu telefonieren, dass sie gerne intime Cocktailpartys organisiert. In der dritten Kurswoche fragte Charlotte, ob es überhaupt in Ordnung sei, einen Mann anzurufen. »Natürlich«, sagte ich. »Ja, ja, absolut, ja.« (Diese Antwort gilt dann, wenn du übersprudelst vor Spaß und Wünschen. Dann ist es fabelhaft anzurufen. Aus Verzweiflung heraus anzurufen ist wahrscheinlich nicht gerade die beste Idee der Welt. Männer riechen Verzweiflung, und sie reagieren nicht gut darauf!) Die göttliche Schwester Charlotte rief also einen Mann an. Sie trafen sich. Sie hatte zwar nicht viel Spaß, aber sie war stolz auf sich, weil sie über ihre früheren Grenzen hinausgegangen war. In der nächsten Woche ging Charlotte auf ein Picknick und flirtete mit ein paar Männern, die sie nicht kannte. Einen von ihnen bat sie, sie nach Hause zu bringen. Das tat er, und er fragte sie nach ihrer Nummer. Sie gingen miteinander aus, und diesen Mann mag Charlotte *wirklich*.

Aber Charlotte übt auch, was Mama »defensives Dating« nennt. Sie geht mit mehreren Männern gleichzeitig aus und hat ihren Spaß, ohne sich auf einen bestimmten Mann zu konzentrieren. Auch wenn sich eine Frau mit dem Mann trifft, den sie für *den Richtigen* hält, ist es gut, weiter mit anderen Männern auszugehen, da das belebt. Denn die Reaktionen eines Mannes, den du für den geeigneten Heiratskandidaten hältst, können für dich unnatürlich wichtig werden. Solange du Spaß mit ihm hast, fühlst du dich gut, aber in einer schwierigen Phase ist es gut, andere Männer zu haben, die dich daran erinnern, dass du attraktiv und wundervoll bist. Es ist nie gut, sich von der Meinung eines Einzelnen abhängig zu machen. Defensives Dating schärft zu allen Zeiten dein Bewusstsein für deine besten Eigenschaften.

Wirf nicht so schnell das Handtuch

Eines der größten Hindernisse auf dem Weg zu einer guten Beziehung ist die Tendenz von Frauen, schon aufzugeben, bevor sie überhaupt richtig angefangen hat. Wenn wir einen Mann kennenlernen, der nicht reich genug ist, schreiben wir ihn gleich ab. Wenn wir einem Mann begegnen, der nicht küssen kann, verbannen wir ihn.

Viele Frauen geben schon auf, wenn sie nur auf die kleinste Herausforderung treffen. Das tat auch die göttliche Schwester Claudine, und es kostete sie die Liebe ihres Lebens. Claudine war mit Ralph aus Detroit zusammen. Sie hatte das Gefühl, dass er »der Richtige« war, und erzählte das auch allen – bis Ralph eines

Tages ein paarmal mit einer anderen Frau ausging. Er erkundete nur neues Territorium, aber als Claudine davon erfuhr, trennte sie sich von ihm. Ohne mit Ralph darüber zu sprechen, löste sie die Beziehung auf, weil sie dachte, Ralph würde ihr die andere Frau vorziehen. Claudines Unsicherheit über das, was sie Ralph zu bieten hatte und die Welt im Allgemeinen, trat zwischen sie und ihre Träume.

Claudine fühlte sich bestätigt, als Ralph schließlich die andere Frau heiratete. Aber was hätte er auch sonst tun sollen? Die göttliche Schwester Claudine war schon ausgestiegen, bevor das Spiel überhaupt eröffnet wurde. Ralph hatte nie die Chance, sich zwischen ihr und der anderen Frau zu entscheiden. Man kann dieses Szenario auch aus einer anderen Perspektive betrachten: Möglicherweise hat Ralph die andere Frau geheiratet, um sich über Claudine hinwegzutrösten. Aber da sie sich ja zurückgezogen hat, wird Claudine die wahre Geschichte nie erfahren. Um sich in dem Spiel zwischen Mann und Frau durchzusetzen, muss eine Frau den Mut haben, zu ihren Überzeugungen zu stehen.

Wie in diesem Fall: Bernie war ein attraktiver, kürzlich geschiedener Mann, der um meine göttlichen Schwestern herumscharwenzelte. Lange Zeit biss keine von ihnen an. Er war noch ein wenig angeschlagen von seiner Scheidung, und keine meiner Schönen erkannte den Prinzen hinter dem Frosch. Bernie musste nur geküsst werden, um zu voller Attraktivität zu erblühen, aber niemand wollte sich die Lippen schmutzig machen, bis die göttliche Schwester Amy des Weges kam.

Als Amy mit Bernie ausging, dachte sie nach dem Date: »Himmel! Ich habe gerade den Mann kennengelernt, den ich heiraten werde.« Bernie dachte allerdings: »Nettes Mädchen. Schade, dass aus dieser Beziehung nichts wird.« Schließlich erholte sich Bernie immer noch von einer üblen Scheidung und konnte sich im Traum nicht vorstellen, dass eine Beziehung auch gut gehen kann. Er war noch nie in einer guten Beziehung gewesen.

Amy hatte eine Menge Arbeit vor sich. Aber als erblühende Göttin machte sie sich ans Werk. Einer der edelsten Aspekte von Amy war ihre Bereitschaft, langfristig in Bernie zu investieren und auf dem Weg dorthin auch kleine Siege zu feiern. Sie wollte einen Mann, sie wollte eine Familie, deshalb tat sie alles, damit Bernie in ihre Träume hineinpasste. Bernie sträubte sich dagegen, exklusiv mit ihr zusammen zu sein, deshalb traf sich auch Amy mit anderen Männern. Und das war eine gute Idee. Es erinnerte Amy nicht nur daran, wie attraktiv und toll sie war, sondern ihr wurde dabei auch klar, dass sie viel zu viel Druck auf Bernie ausgeübt hatte. Es war an der Zeit, die Dinge spielerischer anzugehen. Hinzu kam noch, dass ihre Dates mit anderen Männern Bernie eifersüchtig machten. Bernie wurde klar, dass er Amy liebte und sie nicht verlieren wollte. Amy übte weniger Druck auf Bernie aus, und er reagierte immer besser.

Sie hatten so viel Spaß miteinander, dass Amy nach ein paar Monaten fand, sie könnten als ersten Schritt zusammenziehen. Als sie das jedoch Bernie gegenüber erwähnte, schrie er entsetzt: »Nein!« Da erinnerte sich Amy an Mama Genas Merksatz: »Achte weniger darauf, was ein Mann sagt, als darauf, wo seine Füße sind.« Und obwohl sich Bernie heftig gegen die Vorstellung wehrte, mit ihr zusammenzuziehen, stellte Amy fest, dass er fast jede Nacht in ihrer Wohnung verbrachte. Nachdem das ein Jahr lang so gegangen war, begann Amy, Bernie Miete zu berechnen. Und da schlug Bernie vor, sie könnten sich ja eine gemeinsame Wohnung kaufen. Amy war außer sich vor Freude und feierte ihren Erfolg. Sie kam voran!

Und Amy hatte recht. Zwei Jahre später waren die beiden verheiratet. Und am wichtigsten in dieser kleinen Geschichte ist, dass Amy Bernie als ihren Mann sah, meine Hübschen. Das ist der Schlüssel zu ihren hervorragenden Ergebnissen. Wenn diese clevere göttliche Schwester nicht so sicher in ihren Wünschen gewesen wäre, hätte der Widerstand ihres Mannes das Ende der

Beziehung bedeutet. Stattdessen hielt Amy ihre Träume mit beiden Händen fest und wurde belohnt.

Genieße ein bisschen Widerstand

Okay, okay, sagst du vielleicht, warum soll ich denn meine Wünsche verfolgen, wenn der Widerstand so stark ist? Ich finde, Widerstand macht das Spiel spannender. Hindernisse bringen Farbe in die Sache. Du kannst dir nicht vorstellen, wie lustig und fröhlich Amys und Bernies Hochzeit war. Mittlerweile haben sie ein Baby, und sie denken gerne an die erste Zeit ihrer Beziehung zurück. Widerstand ist der Stoff, aus dem die großen Romane und Liebesgeschichten, die die Jahrhunderte überdauert haben, gesponnen sind. Als Frauen wollen wir die Heldinnen in unseren eigenen Liebesromanen sein und uns nur von Liebe und Leidenschaft ernähren. Ob Odysseus und Penelope, Elinor Dashwood und Edward Ferrars aus Jane Austens *Sinn und Sinnlichkeit* oder Prinz Vlad und Mina aus Bram Stokers *Dracula* – dafür lohnt es sich doch!

Frauen fragen mich oft, ob ihr Mann zu viel Widerstand leistet, um bearbeitet zu werden. Ich halte das für unmöglich. Ich glaube, jedes Maß an Widerstand kann akzeptabel sein, solange es dir Spaß macht. Wenn du mit einem Mann ausgehst, der nach deinem Geschmack ein bisschen zu oft *Nein* sagt, na gut – lass die Finger von ihm. Suche dir einen Mann, der leichter *Ja* sagt. Das bedeutet aber nicht, dass der Nein-Mann unmöglich zu bekommen ist – es bedeutet nur, dass du jemanden mit weniger Widerstand willst. Da draußen laufen Millionen von Männern herum. Für jeden Topf gibt es einen Deckel, hat meine Großmutter immer gesagt. Suche dir einen Mann, mit dem du Spaß hast. Spaß ist das Wichtigste. Die Leute denken immer, Liebe oder Hingabe sei das Wichtigste. Das ist aber nicht so. Du liebst Menschen, mit denen du Spaß hast. Ein Mann, mit dem du Spaß hast, wird dich immer lieben. Hingabe oder Liebe führen nicht zu Spaß. In ihrem Namen geschehen gewalttätige, verletzende Dinge. Aber Spaß führt immer zu Liebe.

Zeig ihm Zustimmung

Auch du kennst sicherlich Frauen, die in Gegenwart ihrer Männer zickig und fordernd sind. In solchen Fällen stellen sich alle immer die Frage: »Warum ist er immer noch mit ihr zusammen?« Für mich liegt es auf der Hand, warum Männer bei fordernden Frauen bleiben. Eine solche Frau macht guten Gebrauch von ihrem Mann – sie gibt sein Geld aus, bekommt seine Kinder und gibt ihm eine Richtung im Leben. Sie verfolgt, was sie will, schätzt ihn aber gerade genug, um ihn zu halten. Nun, ich empfehle dir nicht, deinen Mann nur auf diese fordernde Diät zu setzen – letztendlich bringt das kein Glück. Aber wenn man es so bedenkt, ist es immer noch besser, eine fordernde Zicke zu sein, als den Mund zu halten und dem Mann nie mitzuteilen, was man will.

Noch besser wäre es allerdings, diese besondere Person in deinem Leben zu genießen und wertzuschätzen. Ein Mann braucht ein gewisses Maß an Zustimmung, um in einer Beziehung zu bleiben. Wenn deine Forderungen immer größer sind als deine Bereitschaft, auch einmal einer Sache zuzustimmen, wird der Mann irgendwann das Weite suchen.

Jetzt wollen wir uns einmal genauer ansehen, was Mama mit »Zustimmung« meint. Wenn ich den Begriff in meinen Kursen zum ersten Mal erwähne, wollen viele göttliche Schwestern wissen, was in Bezug auf ihre Männer überhaupt als Zustimmung gilt. Ich kann nur sagen, dass es so leicht ist wie zum Beispiel »lecker« zu sagen, wenn er dir ein Stück Schokoladenkuchen reicht. Oder ihn anzulächeln, wenn sich eure Blicke in einer überfüllten Bar begegnen. Oder einfach nur bei der ersten Begegnung »nett« zu denken. Letztendlich läuft es darauf hinaus, dass du dein Leben in seiner Gegenwart genießt. Das ist der komplizierte Teil – das Genießen. Die meisten Frauen, die zu mir kommen, haben ein Defizit – sie leiden unter chronischem Aufmerksamkeitsmangel, zu wenig Spaß, zu wenig Sex und zu wenig Befriedigung. Wenn eine Frau auf so einer Hungerdiät zum ersten Mal einen halbwegs anständig aussehenden Mann trifft, klammert sie sich an ihn wie eine Ertrinkende. Ihre Verzweiflung droht sie beide herunterzuziehen.

Steuere ihn in die richtige Richtung

Männer brauchen viel Führung, aber die Mühe, die wir auf sie verwenden, hat auch Vorteile. Männer bewegen sich voller Enthusiasmus in jede Richtung, die wir ihnen weisen. Wenn ihr zum Beispiel gemeinsam in ein Restaurant geht und es dir schmeckt, würde der Mann wahrscheinlich am liebsten jeden Abend dorthin gehen. Du hingegen möchtest vielleicht beim nächsten Mal lieber ein anderes Restaurant ausprobieren. Das ist der Moment, in dem du deinem Mann sagen musst, wie wundervoll das Restaurant war, aber dass du schrecklich gerne auch ein neues kennenlernen würdest. Du brauchst dich nicht zurückzuhalten, weil dein Mann in manchen Punkten vielleicht anders ist als du. Und du musst dich auch nicht auf seine Sicht der Dinge einlassen. Bleib bei deinen Wünschen und steuere ihn sanft auf deinen Weg.

Vor Jahren lud mich mein Mann in ein italienisches Restaurant ein, und wir bestellten Tiramisu zum Nachtisch. Es schmeckte mir so gut, dass ich die ganze Zeit davon schwärmte. Daraufhin brachte mir mein Mann am nächsten Tag aus einer italienischen Bäckerei erneut Tiramisu mit. Zwei Tage später hielt er schon wieder bei einem Italiener und holte Tiramisu. Und so ging es immer weiter, bis ich den ganzen Kühlschrank voller Tiramisu hatte. Zuerst freute ich mich, aber dann hätte ich ihn doch gerne aufgehalten. Ich wusste nicht, wie ich es anstellen sollte, ohne seine Gefühle zu verletzen. Irgendwann machte mich sein Enthusiasmus nur noch wütend, und ich schrie: »Hör endlich auf mit dem Tiramisu!« Als sich die Rauchwolke wieder gelegt hatte, erklärte ich Bruce, dass ich Süßigkeiten zwar liebte, sie aber nur gelegentlich genießen wollte. Ich schlug ihm vor, er solle mir lieber Blumen mitbringen, wenn er mir eine Freude machen wolle. Blumen verwelken, sodass ich mich über neue Sträuße immer freuen kann. Wenn du deinem Mann auf nette Weise und nicht zu schnell die Wahrheit beibringst, kommst du sicher an dein Ziel.

Du hast vermutlich gemerkt, dass ich das in dem Fall nicht getan habe. Ich habe meinen Süßen einfach nur angeschrien. Manchmal passiert das eben. Aber das Spiel zwischen Mann und Frau verzeiht vieles. Es ist das intensivste Spiel auf diesem Planeten. Es bringt das Beste und das Schlechteste in uns zum Vorschein. Und solange der Spaß dabei nicht fehlt, gibt es auch genügend Raum für Fehler. Männer bleiben nicht aus *Verpflichtung* mit einer Frau zusammen – schau dir nur einmal die Scheidungsraten an. Wenn der Spaß nicht mehr da ist, geht er. Eigentlich ist es oft sogar ziemlich schwierig, einen Mann loszuwerden, weil wir ja sogar Spaß vermitteln, wenn wir ihn anschreien. Ein paar Jahre Spaß am Anfang können dir schon eine jahrelange dauerhafte Beziehung bescheren. Denk an Liz Taylor und Richard Burton – er hat sie sogar *zweimal* geheiratet. Er wusste, was ihm bevorstand, aber sie müssen wohl eine Menge Spaß miteinander gehabt haben.

Heute lachen Bruce und ich über die Geschichte mit dem Tiramisu. Ich konnte erst gut zehn Jahre später wieder eines essen. Und er bringt mir Blumen mit – jede Woche. Ich arbeite immer noch an meinem Kommunikationsstil und suche nach Wegen, um ihm intimere Wahrheiten freundlich zu sagen. Männer und Frauen sind einander tatsächlich fremd, und diese Verbindung von Aliens ist ein verletzliches Gebilde. Partnerschaft ist immer ein Experiment, eine in der Ausführung begriffene Arbeit. Wir Frauen sollten uns stärker darauf konzentrieren, wie wir unsere Botschaften an die besonderen Männer in unserem Leben positiv verstärken können. Männer sind so dankbar, wenn wir versuchen, ihnen unsere Wünsche mitzuteilen, auch wenn es auf den ersten Blick vielleicht nicht so aussieht.

Wende den Trainingszyklus an

Was meine ich mit dem Wort »Training«? Im Webster-Lexikon heißt es: »Trainieren: Wachstum lenken, durch Anweisungen formen, lehren, damit eine Person oder eine Sache fit, qualifiziert oder befähigt wird«. Mit anderen Worten: Wenn du deinen Partner mit Informationen versorgst, macht ihn das unentbehrlich für dich. Du fragst dich jetzt vielleicht: Ist das fair dem Mann gegenüber? Absolut. Eine Frau nimmt nicht nur, wenn sie trainiert, sie gibt auch.

Mit den Jahren hat mir dieses System sehr geholfen. Der Trainingszyklus ist ein dreiteiliger Kommunikationszyklus, der dir erlaubt, auf freundliche Art und Weise deinen Willen zu bekommen. Er bricht die Wahrheit in leicht verdauliche Bissen herunter. Manchmal hast du vielleicht eine Liste mit Tausenden Dingen, die dein Partner verändern sollte, aber du darfst ihm immer nur einen Bissen zum Schlucken geben. Tausend Happen auf einmal kann er nicht verarbeiten. Aber für dich zahlt es sich aus, geduldig zu sein. Der Trainingszyklus hilft dir, dich auf das eine Problem zu konzentrieren, das du im Moment verbessern möchtest, und es freundlich rüberzubringen. (Ach, übrigens, dieser Trainingszyklus funktioniert bei jedem – Mann, Frau, Kind, Chef.) Und so geht es:

1. Zeig deinem Partner, dass er recht hat.
2. Gib ihm ein Problem, das er lösen kann.
3. Danke ihm.

Wenn es also um mich und meine Tiramisu-Eskapade ginge, würde sich das so anhören:

1. Bruce, das ist so lieb von dir. Ich danke dir für das Tiramisu.
2. Könntest du mir das nächste Mal Blumen mitbringen?
3. Danke.

Das klingt ein bisschen – wie soll ich sagen? Gezwungen? Na ja, aber warum nicht einmal eine Methode versuchen, die deinem Mann Zustimmung und Befriedigung bringt und dir Möglichkeiten eröffnet, einen neuen Wunsch zu befriedigen? Versuche es einfach und schau, wohin es euch bringt. Du wirst überrascht sein, wie häufig du diesen Trainingszyklus anwendest.

Wenn du deinem Mann erst einmal deine Wünsche auf nette Weise offenlegst, bist du auf dem richtigen Weg. Dann musst du nur noch üben, üben, üben. Mehr ist nicht nötig, um eine wundervolle Männertrainerin zu werden. Übe, auf deine Lust, deine Wünsche zu achten, und dann Wege zu finden, um deinem Mann jedes Detail deiner Wahrheit auf nette Weise mitzuteilen. Er will *dich* kennen, nicht eine erfundene, falsche Version von dir. Gib ihm alles von dir, und du wirst nie von ihm getrennt sein wollen. Und er wird genau das Gleiche empfinden. Du wirst erstaunt sein, wie gut diese einfache Technik deine und seine Bedürfnisse erfüllt. Meinen Mann und mich hat sie viel näher zusammengebracht. Bruce ist mein engster und bester Freund.

Er fehlt mir, wenn wir getrennt sind, und ich kann es kaum erwarten, ihm jede Einzelheit meines Tages zu erzählen. Sei geduldig, teile deine Wünsche mit. Die Nähe, die daraus entsteht, ist das Warten wert. Bruce und ich haben zwölf Jahre gebraucht, um einander so nahezukommen.

Während du weiter Ausschau nach dem »Richtigen« hältst, kannst du die Männer in deiner Umgebung trainieren. Trainiere deinen Bruder, deine Söhne, deinen Chef, deine männlichen Freunde. Geh alle Übungen durch. Das Schlimmste, was passieren kann, ist, dass du Männer zurücklässt, die viel besser dran sind als vorher. Sie haben einige Wahrheiten über Frauen gelernt. Und Männer sind geradezu ausgehungert nach der Wahrheit über Frauen. Und während du vielleicht das Gefühl hast, nur die Kerle zu trainieren, trainierst du in Wirklichkeit auch dich selbst. Das beste Ergebnis deiner Anstrengungen wird die Entdeckung sein, was *du* liebst.

ÜBUNG 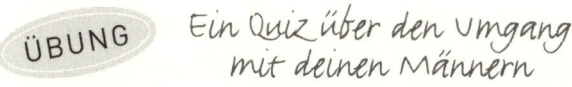 Ein Quiz über den Umgang mit deinen Männern

Bestimme den Level deiner Trainingsfähigkeiten mit dieser Umfrage:

1. Wie männerfreundlich ist dein Leben?
A. Hast du mehr als ein Handtuch in deinem Badezimmer?
B. Ist Platz in deinem Kleiderschrank?
C. Hast du zwei Nachttische an deinem Bett?
D. Ist dein Bett mindestens 1,40 Meter breit oder breiter?

Wenn du eine dieser Fragen mit *Nein* beantwortet hast, sei bereit für Veränderungen. Wenn du sie in Angriff nimmst, wird er kommen.

2. Wie reagierst du, wenn ein Mann dir Widerstand leistet? Wenn er nicht innerhalb von 24 Stunden nach einem Date anruft, dann ...

A. ... schreibst du ihn ab und rufst: »Der Nächste, bitte!«

B. ... rufst du ihn an und sagst ihm, was für einen schönen Abend du mit ihm verbracht hast.

C. ... wartest du fröhlich auf seinen Anruf, während du dich mit anderen Männern vergnügst, und bist aufrichtig erfreut, wenn er endlich anruft.

Wenn du A gewählt hast, überlässt du dem Mann die Führung und übernimmst keine Verantwortung dafür, dass du es schön hast. Wenn du B gewählt hast, gibt es noch Hoffnung für dich. Und für C bekommst du einen Extra-Punkt.

3. Wenn ein Mann deine Bitte abschlägt, dann ...

A. ... schreist du ihn an und kaufst es dir selbst.

B. ... hörst du auf, es zu wollen, und vergisst es.

C. ... überlegst du, wie ihr mehr Spaß haben könntet, damit du ihn von deiner tollen Idee überzeugen kannst.

Wenn du A oder B gewählt hast, nutzt du nicht das volle Potenzial eines Mannes. Wenn du so leicht aufgibst, bekommst du nie, was du willst. Sei bereit, mehr als einmal zu fragen. Wenn du C gewählt hast, bist du schon eine fortgeschrittene Männer-Trainerin.

4. Die beste Art, deinen Mann glücklich zu machen, ist ...

A. ... alles zu tun, was er will.

B. ... ihn für all die tollen Dinge, die er für dich tut, zu loben.

C. ... dein Leben zu genießen und alles zu bekommen, was du willst.

A scheint als Antwort auf der Hand zu liegen, aber eigentlich leben Männer dafür, Frauen zu dienen. Er wird das Interesse an dir verlieren, wenn du ihn nicht für dein Vergnügen benutzt. B ist ein guter Anfang, aber damit kannst du nicht aufhören. Das Attraktivste, was eine Frau für einen Mann tun kann, ist, ihm eine Möglichkeit zu zeigen, wie er ihr dienen kann. Also überleg dir, was du gerne hättest, und sag es ihm. Wenn du C gewählt hast, bist du wahrscheinlich schon verheiratet, oder du hast viele Freunde, die alle verrückt nach dir sind.

 **ÜBUNG** *Der Trainingszyklus*

Der Trainingszyklus ist ein Kommunikationsprozess, der uns befähigt, das, was wir wollen, auf nette Weise von jemandem zu bekommen. Die meisten Frauen reagieren abwehrend, wenn jemand, vor allem ein Mann, ihnen ein Angebot macht. Wir würden es lieber selbst tun! Zu den nettesten Dingen, die wir für einen Mann tun können, gehört jedoch, ihm zu erlauben, dass er uns dienen darf. Sage *Ja*, wenn ein Mann dir anbietet, etwas für dich zu tun. Bring deinem Mann bei, es genauso zu tun, wie du es gerne hättest.

Und so geht's:

1. Zeig deinem Partner, dass er recht hat.
2. Gib ihm ein Problem, das er lösen kann.
3. Danke ihm.

Von den Profis lernen

Leih dir ein paar fabelhafte Männer-Trainingsfilme aus. In Filmen wie *Herr im Haus bin ich* und *African Queen* kannst du wahre göttliche Schwestern in Aktion erleben.

In *Herr im Haus bin ich* führt Maggie ihren Will Schritt für Schritt den Weg zu ihren Zielen entlang, ohne sich von Hindernissen aufhalten zu lassen. Siehst du, wie er das Spiel, ihr scheinbar zu widerstehen, genießt? Versuche, Maggies Techniken auf dein Leben anzuwenden. *African Queen* zeigt, wie die Vision einer Frau einen Mann zum Helden werden lässt, als er beginnt, ihre Ziele zu unterstützen. Diese Reise führt auch zu einer großen Liebesgeschichte – wer könnte mehr wollen als einen Helden und einen Liebhaber in einer einzigen großartigen Person!

In diesem Kapitel hast du gelernt, wie du bei den Männern in deinem Leben deinen Willen bekommst – es ist das Netteste, was du für sie tun kannst. Möchtest du noch weiter mit der großen Macht deines Verlangens und ihrer Wirkung auf die Welt experimentieren? Gut – denn darum geht es im nächsten Kapitel.

LEKTION 9

Die weibliche Kunst, Fülle einzuladen

*Ich öffne jetzt die Goldmine in mir. Ich bin verbunden mit
einem endlosen goldenen Strom von Reichtum, der unter
Gnade auf vollkommene Art und Weise zu mir kommt.*
FLORENCE SCOVEL SHINN

Wenn du, wie die meisten Frauen, Anfängerin im Kurs für weibliche Künste bist, hast du keine Ahnung, welchen Wohlstand,
welche Fülle du eigentlich genießen könntest. Dein Leben könnte so reich und voll bestückt sein, dass du zunächst fassungslos
davorstehst. Jetzt reden wir nicht mehr nur von »einem eigenen
Zimmer«, sondern von einem eigenen Haus, einem eigenen
Geschäft, ja einem ganzen eigenen Unternehmen. Schau dir
doch nur einmal die fabelhafte Oprah Winfrey an. Oder meine
geliebte Madonna – die Ikone unseres Jahrtausends. Diese
Frauen stellten sich auf ihre eigenen Füße, eroberten die Welt im
Sturm und hatten eine Wirkung auf uns alle. Sie alle haben bei
null angefangen und ihre Vision von Erfolg nach ihren eigenen
Vorstellungen realisiert. Was wir von ihnen lernen können, ist,
dass diese großartigen Leistungen, dieser individuelle Weg zu
Größe für jede von uns zur Verfügung stehen, die den gleichen
Antrieb verspürt.

Du bist jetzt vertraut mit der Kunst des Flirtens, der Selbstliebe, der Kommunikation mit dem anderen Geschlecht. Du kennst die phänomenale Wirkung deiner Wünsche. In dieser Lektion möchte ich dir zeigen, wie du deine Naturgewalt aufzäumst und sie benutzt, um die Reichtümer des Lebens anzuziehen. Die meisten Leute denken, Ziele seien nur durch harte Arbeit zu erreichen. Arbeit ist natürlich ein Weg, um zu bekommen, was du willst, aber es ist nur ein Weg. Wir Frauen können alles wahr werden lassen, was wir uns wünschen, einfach indem wir es uns wünschen und die Erfahrung genießen, uns an unseren Wünschen zu erfreuen. Unser Motto muss also lauten: »Wenn du etwas willst und dich am Wollen erfreust, dann wirst du es sogar noch schneller und mit noch mehr Spaß bekommen, als du gedacht hättest.«

Ich möchte dir ein wundervolles Buch ans Herz legen, *Das Lebensspiel und wie man es spielt* von Florence Scovel Shinn, das in den 1920er-Jahren geschrieben wurde. Shinn war Metaphysikerin und spirituelle Lehrerin, die an die Transformationskraft der Gedanken und an unser grenzenloses Potenzial als menschliche Wesen glaubte. Ich gebe all meinen Göttinnen dieses Buch zu lesen, weil ihre Ideen Frauen jedes Glaubens ansprechen. Du kannst das schmale Bändchen in deine Tasche stecken und so den ganzen Tag über an deine Grenzenlosigkeit denken.

Ihre faszinierendste Idee ist, dass du das Lebensspiel einfach durch deine Gedanken gewinnen kannst. Es ist wie kreative Visualisierung – wenn du vor deinem geistigen Augen sehen kannst, wie du bekommst, was du willst, dann hat diese Vision die Macht, genau das zu bewirken. Alles ist nur ein Spiel. Wenn du das Spiel »Arbeite hart und versage dir Unnötiges« spielst, dann wirkt das wie eine selbsterfüllende Prophezeiung. Du wirst von deinem eigenen Standpunkt versklavt. Wenn du jedoch das Spiel spielst »Ich bin ein genialer Künstler und mache ein Vermögen mit dem, was ich gerne tue«, dann erschaffst du es auch für dich.

Genau das hat die göttliche Schwester Alma getan. Obwohl Alma eine berühmte Rocksängerin ist, war sie nie auf einer Musikschule. Sie hat nie Gesangsunterricht genommen. Einer ihrer Exfreunde war eine Rocklegende, und er machte sie mit den Topleuten in der Musikbranche bekannt. Im Jahr darauf hatte sie ihren ersten Auftritt in New York. Alma stellte sich einfach vor, als Rockstar auf der Bühne zu stehen. Sie war immer nur mit erfolgreichen Sängern zusammen, ein Grund warum gute Musiker ihrer Erfahrung nach schnell und einfach Erfolg haben. Und so wurde auch sie erfolgreich. Sie hatte nie den leisesten Zweifel daran. Sie tat einfach das, was sie glücklich machte, und hatte damit Erfolg.

Deine Träume sind nicht zu groß für dich. Du hättest sie nicht, wenn sie nicht genau die richtige Größe und Form für dich hätten. Sie sind die Entwürfe deiner zukünftigen Erfüllung. Du kannst alles haben, was du willst. Mach dir keine Sorgen, wie viel es kostet – das Preisschild kommt dir nur in die Quere, wenn du es zulässt. Wenn du deinen Träumen nur halb so viel vertrauen würdest, wie du sie anzweifelst, würdest du alles bekommen, was du willst. Florence Scovel Shinn sagt: »Jeder Wunsch, ob er nun ausgesprochen wird oder nicht, ist eine Forderung. Oft sind wir verblüfft, weil uns ein Wunsch plötzlich erfüllt wird.«

Manchmal sind wir in bestimmten Dingen von Natur aus gut. Ich bin zum Beispiel gut im Suchen von Häusern und Wohnungen. Ich habe eine fast schon unheimliche Fähigkeit, genau zur richtigen Zeit über die richtige Wohnung zu stolpern. Die göttliche Schwester Justine ist fantastisch darin, kostenlose Designerkleider zu ergattern, und seltsamerweise haben ihre Freundinnen dieses Talent auch entwickelt. In Lektion 2 hast du erfahren, dass die göttliche Schwester Margaret die Begabung für Hotel-Upgrades übernommen hat, nachdem sie mit der göttlichen Schwester Daphne unterwegs war. Eine Methode, deine Anziehungskraft zu verstärken, ist also sicherlich, mit Frauen zusammen zu sein, die mehr heraufbeschwören können, als du je für möglich gehalten hättest.

Ich bezeichne die Manifestation von Wünschen als »Heraufbeschwören«. Dazu brauchst du kein Geld, sondern nur die Macht von uns Frauen, Dinge anzuziehen.

Eine exzellente Beschwörerin ist die göttliche Schwester Bess, die extra mit dem Auto aus New Jersey kam, um an einem meiner Kurse teilzunehmen. Bess machte sich Sorgen, dass sie in der Stadt keinen Parkplatz finden würde, und tatsächlich hätte sie deswegen beinahe abgesagt. Am ersten Abend überwand sie jedoch ihre Zweifel und fuhr einfach nach Manhattan. Direkt vor meinem Haus wartete eine große, freie Lücke auf sie. Sie musste keine Parkplatzgebühr bezahlen und empfand es als Zeichen dafür, dass sie zur richtigen Zeit am richtigen Ort war. Sie sollte an diesem Göttinnen-Kurs teilnehmen.

Das erste Beschwören geschah spontan, aber interessanterweise bekam Bess Woche für Woche den gleichen Parkplatz. Es gefiel ihr so gut, über ihre Parklücke nachzudenken, dass sie sie sechs Wochen in Folge heraufbeschwor. Die anderen Frauen im Kurs mussten hingegen immer wieder auf dem nahe gelegenen Parkplatz parken, weil freie Lücken nur schwer zu finden waren. Die göttliche Schwester Bess wurde so gut im Heraufbeschwören, dass die anderen Göttinnen vor Kursbeginn draußen warteten, nur um zu sehen, ob Bess wieder in ihre angestammte Lücke fuhr.

Um etwas heraufzubeschwören, musst du reines Vergnügen erwarten. Du musst dir selbst den Mund wässrig machen, als ob du Appetit auf ein besonders köstliches Gericht hättest. Dabei machst du dir nicht allzu viele Gedanken darüber, ob du dieses Gericht tatsächlich bekommst – du genießt einfach nur den Gedanken daran. Wenn du einen Wunsch so genießt und ihm Zeit lässt, sich in deinen Gedanken und deiner Vorstellungskraft einzunisten, dann lässt du die Dinge tatsächlich passieren. Das

Schöne am Heraufbeschwören ist, dass du damit alles erreichen kannst. Ja, alles.

Die göttliche Schwester Meryl kündigte ihren anstrengenden Job als Designerin im Modeviertel von New York City, um Vulva-Bilder zu malen. Meryl war schon immer eine Künstlerin. Sie liebte das Aktzeichnen, vor allem weibliche Akte. Designerin war sie geworden, weil alle ihr gesagt hatten, als Künstlerin könne sie kein Geld verdienen, aber sie hatte es schon immer versuchen wollen. Ich hingegen wollte immer ein Vulva-Gemälde für den Eingangsbereich meines Hauses haben. (Nachdem sie das Bild gemalt hatte, fanden wir heraus, dass Vulven im Paläolithikum ein übliches Motiv waren. Sie wurden an die Öffnungen von Höhlen gemalt, um einen heiligen Ort zu kennzeichnen. Das trug zu unserer Freude nur noch bei.) Meryl malte also ein riesiges Vulva-Wandgemälde in meinen Flur. Das inspirierte sie so, dass sie beschloss, zu kündigen und Bilder von weiblichen Geschlechtsteilen zu malen. Die göttliche Schwester Meryl hatte keine Ahnung, ob sie von so einer merkwürdigen Tätigkeit leben konnte, aber das hielt sie nicht davon ab. An dem Tag, als sie kündigte, bekam sie von einem anderen Unternehmen einen Teilzeitjob mit doppelt so viel Gehalt angeboten, wie ihr als Designerin vorschwebte. Sie nahm die Stelle an, weil sie damit ihren neuen Weg finanzieren konnte.

Ein paar Monate später stellte Meryls Freundin sie einem Bekannten von einem großen Bekleidungsunternehmen vor, das T-Shirts und Boxer-Shorts für Männer produziert. Sie präsentierte dem Unternehmen ihre handbemalten T-Shirts und Unterhosen, und alle waren so überwältigt von ihrem Enthusiasmus, dass sie ihre Produkte herstellen und vertreiben wollten. Ein klassischer Fall von Heraufbeschwören!

Unsere Fähigkeit, etwas heraufzubeschwören, kann beängstigend sein. Die göttliche Schwester Meryl war so überwältigt von dieser Manifestation ihrer Macht, dass sie das Projekt in eine

Schublade legte und nicht auf das Angebot einging. Dabei wollte das Unternehmen nur, dass sie Etiketten und Labels für das Produkt entwarf. Aber sie war so erschrocken vor ihrer Macht, etwas heraufzubeschwören, dass sie für ein paar Monate förmlich erstarrte. Mama musste sie erst wieder wachrütteln, und jetzt ist sie mit der Arbeit fertig und wartet darauf, dass die Ware produziert wird. Ihr Traum ist ihr sozusagen in den Schoß gefallen.

Die Reise zu deinen Träumen ist nicht leicht. Manchmal hast du vielleicht nicht genug zu essen, kannst die Miete oder etwas anderes nicht bezahlen. Aber das passiert auch Menschen, die ihre Träume nicht verfolgen. Ich kenne niemanden, der seine tiefsten Wünsche mit allem Enthusiasmus verfolgt hat und gescheitert ist. Es ist beinahe so, als würde dir das Universum eine helfende Hand reichen, wenn du wirklich verfolgst, was du von ganzem Herzen willst.

Ein weiterer Weg, um deine Fähigkeit auszubilden, die Geschenke des Lebens anzuziehen, ist, dich selbst wertzuschätzen. Wenn du dir selbst keine Blumen schenken kannst, ist es fast unmöglich für dich, von jemand anderem Blumen zu bekommen. Wenn du dir selbst keinen Orgasmus schenken kannst, wird es wahrscheinlich auch bei keinem anderen klappen. Wenn du dich selbst in allen Bereichen schätzt, in denen du auch von anderen geschätzt werden möchtest, dann steigerst du deine Fähigkeit, zu bekommen, was du willst, und dein Leben zu genießen.

Fülle ziehst du auch dann an, wenn du sie anderen gibst. Beginne mit kleinen, anonymen Akten. Ernenne dich selbst zur guten Fee. Hinterlasse eine öffentliche Toilette sauber für die nächste Person. Heb eine Cola-Dose auf, die jemand auf die Straße geworfen hat, und wirf sie in den Müll. Schick anonym einen Strauß Blumen an jemanden, von dem du weißt, dass er einen anstrengenden Tag hatte. Leg eine Schachtel Pralinen auf den Schreibtisch einer Kollegin. Du verstehst schon – kleine Akte, die das Leben anderer besser machen, erweitern deine Fähigkeit, Gutes von anderen und von der Welt zu erhalten. Du hast ein gutes Gefühl dabei und hast gleichzeitig in das Gute investiert. Und wenn das Universum dir dann eine Tür öffnet, bist du bereit, *Ja* zu sagen.

Wenn du diese kleinen Angewohnheiten in deinen Alltag integrierst, wirst du immer bessere Wünsche heraufbeschwören können, und du wirst immer weniger an Geld gebunden sein. Geld ist einfach nur der Sklaventreiber, dem wir alle dienen, bis wir uns befreien und uns erlauben, unserem Vergnügen nachzugehen. Das Leben ist viel erfüllender und aufregender, wenn du dich deinen Träumen hingibst, anstatt dich vom Geld versklaven zu lassen. Unsere Wünsche führen uns schon zu genügend Geld. Vielleicht beneiden wir immer noch andere Frauen, aber das ist letztlich nur ein Zeichen dafür, dass du einen neuen Wunsch entdeckt hast. Du würdest nicht so empfinden, wenn da nicht dein Wunsch wäre – etwas, was *du dir* wünschst. Frauen irren sich, wenn sie denken: »Oh, *sie* hat das, dann kann ich es bestimmt nicht haben.« Denk lieber: »Wenn sie das hat und es gut bei ihr aussieht, dann bin ich als Nächste an der Reihe.« Akzeptiere deinen Neid. Liebe ihn, schenke ihm Aufmerksamkeit. Wenn du das tust, wird der Wunsch dahinter in rasendem Tempo freigelegt. Auf dieser Welt gibt es genug für alle und noch mehr.

Die göttliche Schwester Natalie zum Beispiel wollte Diamanten. Sie wollte sie so sehr, dass sie es kaum ertragen konnte, wenn andere Frauen Diamantschmuck besaßen. Eines Tages kam die göttliche Schwester Justine in den Kurs mit einem wunderschönen Diamantarmband, das ihr Exfreund ihr geschenkt hatte. Justine erreichte ständig, dass Männer ihr Geschenke machten, und dieses Armband hatte ihr der Mann sogar erst nach der

Trennung geschenkt. Die göttliche Schwester Natalie sagte, sie sei total neidisch auf dieses Armband und sie wolle auch so gerne Diamanten. Damit hatte sie ihren Wunsch zum ersten Mal vor anderen zugegeben und laut ausgesprochen. Zwei Wochen später schenkte Natalies Großmutter ihr einen schönen Diamantring, der ihrer Mutter gehört hatte. Die Großmutter hätte ihn Natalies Schwester oder Natalies Mom geben können, aber sie schenkte ihn Natalie. Erst als Natalie ihren Neid und ihren Wunsch zugegeben hatte, konnte sie heraufbeschwören, dass ihre Großmutter ihr den Ring schenkte.

Ich bin mit einer Geschichte von meiner Mutter Bebe aufgewachsen, die bereits im Alter von zwei Jahren völlig im Einklang mit ihren wahren Wünschen war. Es wurde immer erzählt, dass Bebe während der großen Depression mit ihrer Schwester Gertie in Atlantic City spazieren ging. Vor einem Spielzeugladen blieb sie stehen. Im Schaufenster stand eine wunderschön gekleidete Puppe, die wahrscheinlich so viel kostete, wie mein Großvater in einem Monat verdiente. Aber die Zweijährige interessierte sich nicht dafür, dass ihr Wunsch so teuer war. Laut weinend weigerte sich Bebe, ohne die Puppe weiterzugehen. Als Gertie versuchte, sie wegzuziehen, schrie Bebe nur noch lauter. Schließlich tauchte ein großer, gut gekleideter Mann auf und fragte Gertie, warum Bebe weinte. Gertie sagte ihm, ihre Schwester wolle unbedingt die Puppe im Schaufenster haben. Der Mann ging in den Laden und kaufte die Puppe für sie. Dann verschwand er.

Und, welche Dynamik war hier am Werk? Ich würde sagen: Ruf ruft Reaktion hervor. Begierde beschwört Wunscherfüllung. Wenn eine Frau etwas wirklich will, gibt es immer einen Weg, um zu bekommen, was ihr Herz begehrt. Geld ist kein Hindernis, ebenso wenig wie Zeit oder Entfernung. Begierde kann in Millisekunden Berge versetzen. Unsere Herzenswünsche zu erfüllen ist ein ewig reizvolles Spiel, in dem wir immer nur gewinnen können!

Klingt es so, als ob ich eine gierige Bande von Frauen ausbilde? Ich hoffe doch! Wahre Fülle und Großzügigkeit können nur von einer Frau kommen, die *ihren* Teil hat. Du hast Vertrauen in deine Wünsche, wenn sie erfüllt wurden und du festgestellt hast, dass es immer besser ist, einen vollen Tank zu haben.

Die göttliche Schwester Marla kam schüchtern und mädchenhaft wirkend in den Kurs. Sie hatte sich gerade von ihrem Freund getrennt, und ihr Vater, den sie sehr liebte, war an einer seltenen Form von Leukämie erkrankt. Die göttliche Schwester Marla war nicht wirklich in der Stimmung, Spaß zu haben und ihren Wünschen zu vertrauen, aber sie war in den Kurs gekommen, weil sie der Meinung war, dass Trauer sie nicht weiterbringe. Sie wollte aber noch viel weitergehen. Sie genoss die tröstlichen Lektionen, kaufte sich ein paar sexy neue Kleider und begann wieder auszugehen. Sie stellte fest, dass sie selbstbewusster wurde. Sie begann sich zu vertrauen. Sie merkte, dass ihre Wünsche Wert hatten und Wirkung zeigten.

Als sie über die Gesundheit ihres Vaters und die Art, wie seine Ärzte ihn behandelten, nachdachte, wurde ihr klar, dass sie mit seiner Pflege nicht einverstanden war. Es war ihr bisher noch nie gelungen, ihren Vater von etwas zu überzeugen, deshalb war sie ein wenig nervös, als sie ihm ihre Vorstellungen von seiner Behandlung vortrug. Aber mit ihrem neu gefundenen Mut machte sie einen Termin bei einem anderen Arzt und forderte ihren Vater auf, ebenfalls dorthin zu kommen, wenn er wolle. Er kam nicht nur zu dem Arzttermin, sondern ließ sich sogar von dem Arzt behandeln, was ihm letztendlich das Leben rettete. Marlas Vater ist heute krebsfrei, und das nur, weil Marla zum ersten Mal in ihrem Leben ihren Willen durchgesetzt hat. Die Wünsche von Frauen führen immer zu etwas Wundervollem.

Dass sie Fülle schaffen können, ist ein Phänomen, das meine göttlichen Schwestern unendlich reizt. Die Frauen kommen aus allen möglichen Schichten und Berufen, aber jede kann sich jederzeit eine Tasse Kaffee leisten. Doch wenn ich sie ihr »Bitte et Chat« oder das Flirten üben lasse, dann kommen sie immer ganz aufgeregt zurück, weil ihr Flirten zu einem kostenlosen Kaffee, einem Dessert oder einem freien Parkplatz geführt hat. Dieser Spaß am Wünschen schafft mehr Leichtigkeit, mehr Kraft und mehr Fröhlichkeit bei meinen göttlichen Schwestern als ein Kostüm von Chanel oder ein Ski-Wochenende.

Alles, was ich durch meine Wünsche angezogen habe, hat mir viel mehr bedeutet als das, was ich durch Bezahlen erlangt habe. Ich habe zum Beispiel einmal einen Nerzmantel heraufbeschworen. Und das kam so: Ich ging mit meiner Freundin Melissa in einen tollen Laden, und wir probierten Nerzmäntel an. Wir amüsierten uns prächtig, und ich fand mich so schön in diesem luxuriösen Pelz, dass ich ein paar Wochen später noch einmal mit meinem Mann dort hinging und ihm alle Pelze vorführte. Die Verkäuferin erklärte uns, dass Nerze keine besonders netten Tiere seien – sie hätten die Persönlichkeit gemeiner Ratten, deshalb sei es absolut in Ordnung, Pelzmäntel aus ihnen zu machen. Ich fand diese Aussage schrecklich, aber ich wollte trotzdem unbedingt einen Pelz. Mein Wunsch nach einem Nerz blieb. Was passierte? In diesem Jahr kam die göttliche Schwester Ali eines Tages mit einer großen Tüte in den Kurs. Darin war ein prächtiger, bodenlanger Nerz. Ali sagte, sie wolle ihn nicht mehr, und Mama Gena und die übrigen Schülerinnen könnten ihn haben. Ein paar Jahre zuvor hatte sich Ali den Mantel noch selbst gekauft, weil sie so traurig war. Jetzt brauchte sie ihn nicht mehr. Genauso funktioniert es mit der Begierde. Das Universum gewährt uns unsere Wünsche, wenn wir sie äußern.

Es war interessant – wegen des Tierschutzes hatte ich den Wunsch verloren, einen neuen Pelzmantel zu kaufen, aber einen Pelz zu bekommen, der schon gekauft worden war, kam mir anders vor. Mir schien es eher so, als würde ich die Tiere ehren, indem ich ihn trug, anstatt ihn wegzuwerfen. Außerdem machte es Spaß, einen Hausnerz zu haben, den alle göttlichen Schwestern tragen konnten, wenn sie ihn brauchten. Dieser Mantel ging auf zahlreiche glamouröse Ereignisse – eine Frau trug ihn bei einer Verabredung in der Oper, eine andere auf einem besonderen, sehr formellen Fest, und andere göttliche Schwestern wollten einfach nur einmal ein paar Wochen lang einen Pelzmantel tragen und liehen ihn sich aus.

Und weißt du, was das Komischste war? Ich trug ihn kein einziges Mal. Aber es machte mir unglaublich viel Freude, wenn meine göttlichen Schwestern ihn ausliehen, oder als meine liebe Freundin Vera im vergangenen Jahr drei Monate lang bei mir in New York war und ihn so lange als Wintermantel adoptierte. Die Nerz-Geschichte markiert ein Schlüsselelement des Heraufbeschwörens. Du weißt nie genau, wie dein Wunsch erfüllt wird, aber wenn du jede Sekunde deines Beschwörens genießt, vom Anfang bis zum Ende, dann nutzt es immer allen, die davon betroffen sind. Etwas heraufzubeschwören kostet nie Geld. Es ist der sichtbare Beweis deiner Anziehungskraft.

Manchmal werden Wünsche nicht sofort wahr, aber keine Angst, es gibt kleine Hinweise, die dir sagen, dass du auf dem richtigen Weg bist. Es gibt Knospen, die nicht erblühen, aber zur Blume führen. Als zum Beispiel die göttliche Schwester Greta, die in der Werbeabteilung einer großen Bekleidungskette arbeitete, beschloss, sie wolle einen neuen Job, ging sie mit ihrer Freundin etwas trinken und lernte dabei jemanden kennen, der für Banana Republic arbeitete. Der Mann gab Greta seine Visitenkarte und sagte, er suche jemanden fürs Merchandizing. Greta war zwar nicht an dem Unternehmen interessiert, wusste aber, dass dies ein Zeichen für etwas war, das noch kommen würde. Es bedeutete, dass ihr Wunsch, den Job zu wechseln, berechtigt war und dass sie sich in eine gute Richtung bewegte. Die göttliche Schwester Greta bekam schließlich einen Job in einem Unternehmen, das viel besser zu ihr passte als Banana Republic.

Eine andere Göttin, Lorna, suchte einen Freund. Sie lernte Gary kennen, von dem sie glaubte, er sei der »Richtige«. Sie gingen ein paarmal aus, aber dann begann er, Dates abzusagen und sich zurückzuziehen. Zuerst war Lorna verletzt und verwirrt, aber dann dachte sie, dass Gary wahrscheinlich nur der Vorbote für den »Richtigen« gewesen war. Und so kam es dann auch. Der nächste Mann, der in ihr Leben trat, war Stan, der in seinem Privatflugzeug extra für ein Wochenende angeflogen kam, um sie bei einem Blind-Date kennenzulernen. Stan und Lorna verstanden sich auf Anhieb, und es entwickelte sich eine unglaubliche Liebesgeschichte zwischen den beiden. Obwohl sie sich erst vor einigen Monaten begegnet sind, waren sie bereits zusammen auf den Bahamas. Lorna ist Gary dankbar, weil er ihr gezeigt hatte, dass sie auf dem richtigen Weg war, und für Stan ist sie noch viel dankbarer. Die göttliche Schwester Lorna ist sich im Klaren darüber, dass Gary ihre Säfte zum Fließen gebracht hat.

Du greifst auf die Macht des Wünschens zurück, um alles zu erschaffen, was du willst, unabhängig vom Preisschild oder der Wahrscheinlichkeit, dass dein Wunsch in Erfüllung geht. Deine Wünsche lassen sich nicht erschüttern, weder von äußeren Umständen noch von anderen Herausforderungen oder Kosten. Sie müssen nur authentisch sein. Es funktioniert nicht, wenn du versuchst, den Vorstellungen anderer nachzueifern, dich zu beweisen oder jemanden zu beeindrucken. Deine Kraft, etwas heraufzubeschwören, ist nur wirksam bei deinen echten, wahren, tiefen Wünschen.

Eine meiner Göttinnen, Blair, eine Hautärztin, war während des Gesprächs über die Anziehungskraft des Wünschens verärgert. Sie sagte, sie wolle einen reichen Mann heiraten und im Vorstand von Wohltätigkeitsorganisationen tätig sein. Aber sosehr sie sich auch auf diesen Wunsch konzentrierte, sie kam nicht weiter. Blair wurde immer wütender. Sie ärgerte sich, dass sie nicht die richtigen Männer kennenlernte, während dies anderen Frauen, die jünger waren als sie, scheinbar mühelos gelang. Ich muss dazu sagen, dass Blair im Allgemeinen auf alles und jeden böse war. Nun, als sie Mama erklärte, warum sie wollte, was sie wollte, wurde das Problem deutlich. Blair sagte, ihrem Gefühl nach sei es für eine Frau in ihrem Alter – 43 –, der richtige Schritt, einen Millionär zu heiraten. Sie wollte eigentlich gar nicht unbedingt einen Mann, sondern sie wollte der Welt nur beweisen, dass sie die richtigen Entscheidungen getroffen hatte. In Wahrheit konnte Blair noch nicht einmal mit dem Inhaber der Reinigung freundlich umgehen, weil sie so wütend auf Männer war. Es war also keine Überraschung, dass das Heraufbeschwören bei ihr nicht funktionierte. Sie dachte, sich gesellschaftlich zu etablieren sei ein echter, innerer Wunsch. Sie dachte, sie wolle nach oben heiraten. Aber tatsächlich hatte sie überhaupt keinen Zugang zu ihren wahren Bedürfnissen.

Die meisten von uns betrachten das, was sie besitzen, als unzureichend. Das erzeugt einen Knick im Schlauch, und unsere Fähigkeit, mehr zu bekommen, wird behindert. Blair fand deshalb keinen Mann, weil ihr die Tatsache, dass sie mit 43 noch Single war, missfiel. Sie fand, sie müsse schon längst einen Mann haben, und jeder Mann, den sie kennenlernte, müsse besser, reicher und etablierter sein, als er bereits war. Sie musste zuerst einmal glücklich mit ihrem Single-Dasein werden. Ihr Glück musste an erster Stelle stehen.

Wenn du zu üben beginnst, wirst du überall Beweise für dein Heraufbeschwören sehen. Kannst du dich noch an die göttliche Schwester Jillian aus Lektion 2 erinnern? Sie war diejenige, die die Kunstausstellung in Paris ablehnte und so Platz schaffte für eine Ausstellung in New York. Oder die göttliche Schwester Avis – sie wollte ein Baby. Ein Jahr lang betrachtete sie sehnsüchtig die Babys anderer Leute. Auf einer Party begegnete sie Trent, einem angesehenen Gynäkologen. Sie waren kaum einen Monat zusammen, als Avis auch schon schwanger wurde. Nach einem Jahr, in dem sie sich Lust geholt hatte, ging Avis' Wunsch schnell in Erfüllung.

Der Wunsch, den du hast, ist von höchster Bedeutung. Tu einfach alles, was du dir vorstellen kannst, damit er Wirklichkeit werden kann. Ich wollte einmal nach Jamaika in den Urlaub fahren und redete mit Bruce darüber. Wir hatten absolut kein Geld, aber wir gingen trotzdem in ein Reisebüro, holten Prospekte, schauten Websites an, erkundigten uns nach Flügen und informierten uns gründlich. Dass wir so viele Informationen sammelten, war wichtig. Ein wohlhabender Klient war so zufrieden mit den Ergebnissen unserer Arbeit, dass er uns 10 000 Dollar Trinkgeld gab. Das war mehr, als wir für eine Reise auf die Insel brauchten.

Es ist wichtig, dass du, wenn du erst einmal den Mantel einer göttlichen Schwester trägst, so viel Disziplin besitzt, dass du das Geschenk, das du bekommst, auch anerkennst. Dieser Muskel ist bei meinen göttlichen Schwestern anfangs meist wenig ausgeprägt. Wir sind nicht daran gewöhnt, zutiefst dankbar für unser Leben und das Geschenk des Lebens zu sein. Aber Dankbarkeit ist eine wichtige Übung, die uns für mehr öffnet – mehr Liebe, mehr Dinge, die du willst.

Für gewöhnlich stelle ich in der vierten Woche meiner Kurse fest, dass die anfangs so hungrigen Göttinnen nun ein paar gute Dinge zu viel genascht haben. Das ist natürlich mein Ziel. Aber ich bringe ihnen nicht nur bei, wie man an diese guten Dinge herankommt, sondern auch, wie sie immer weiterkommen. Und dazu muss man das Gute anerkennen. Denn gut ist nicht gut genug für eine göttliche Schwester. Es macht Spaß, die Vision von etwas Besserem immer weiterzuspinnen und Wirklichkeit werden zu lassen. Und das erreichst du, indem du dich bedankst.

Wenn du nicht ständig sagst »Danke, Göttin!« oder dich bei dem bedankst, der dir etwas geschenkt hat, unterbrichst du den Fluss der guten Dinge, die zu dir kommen. Die göttliche Schwester Vivienne, die gerade meinen Kurs »Trainiere deinen Mann« besucht hat, erzählte der Gruppe, dass sie sich immer bei ihrem Mann bedankt, selbst wenn er nur das Baby auf den Arm genommen oder die Katze gefüttert hat. Diese Frau ist auf dem richtigen Weg. Obwohl sie beide für die Katze und das Baby verantwortlich sind, macht es Vivienne Spaß, sich bei ihrem Mann zu bedanken – und das sichert zukünftige Belohnungen. Wie sie solltest du dich für die Geschenke in deinem Leben immer bedanken.

Wenn eine göttliche Schwester dankbar ist, für das, was sie hat, und das Gute schätzt, bekommt sie immer mehr. Die göttliche Schwester Lucy, eine Frau, die seit Beginn der Kurse bei mir ist, lernte diese Lektion nur sehr schwer. Lange Zeit war sie nicht einmal sich selbst dankbar. Sie war 45 Jahre alt und nie verheiratet gewesen. Plötzlich gab es einen jungen, gut aussehenden, sexy Mann, der sie liebte, sie glücklich machen und heiraten wollte. Aber Lucy machte ihre göttlichen Hausaufgaben nicht und wollte nicht anerkennen, was das für eine große Sache war. Und anstatt die nächste Ebene des Vergnügens zu erreichen, fiel sie wieder zurück.

Die göttliche Schwester Lucy hatte wirklich eine Glückssträhne, bevor ihr Rückfall sie einbremste. Sie benutzte die Lektionen, die sie in ihren Göttinnen-Kursen lernte, um ein Geschäft aufzubauen, die Beziehung zu ihrer Familie wieder in Ordnung zu bringen und mit Todd auszugehen. Lucy machte ihre Sache großartig. Sie hatte eine Menge, wofür sie dankbar sein konnte. Nachdem sie etwa ein Jahr lang mit Todd zusammen war, wollte er mit ihr zusammenziehen. Aber genau an diesem Punkt konnte Lucy nicht mehr mit all den positiven Dingen umgehen, die ihr Leben überfluteten. Die Liebe und Aufmerksamkeit ihres Freundes, sein Wunsch, mit ihr zusammenzuziehen, schlugen ins Gegenteil um. Es war ihr alles viel zu intim, zu eng. Plötzlich fielen ihr an ihrem Freund alle möglichen Fehler auf – er verdiente nicht genug, er rauchte, er hatte einen Bierbauch.

Die göttliche Schwester Lucy befand sich in einer Abwärtsspirale. Sie kam nicht mehr zum Unterricht. Sie grübelte darüber nach, was an diesem Mann falsch war, anstatt sich zu überlegen, was richtig war. Es war nämlich eine Menge richtig. Todd betete den Boden an, den Lucy betrat. Er gab sich allergrößte Mühe, sie zufriedenzustellen. Um bei ihr zu sein, war er sogar bereit, von Washington nach New York zu ziehen, den Job zu wechseln, mit dem Rauchen aufzuhören und abzunehmen – im Grunde wollte er alles tun, um Lucy glücklich zu machen. Und ehrlich gesagt, war es genau das, was Lucy fertigmachte.

Mama sagt dazu: »Gutes, für das man sich nicht bedankt, verwandelt sich in Scheiße.« Das war ein wundervolles Beispiel dafür. Noch nie hatte ein Mann Lucy so sehr geliebt wie Todd. Sie war einfach nicht an diese Art von Aufmerksamkeit gewöhnt, und sie konnte damit nur umgehen, indem sie sich weigerte, sie zu sehen. Lucy bedankte sich einfach nicht richtig bei ihm.

Anerkennung funktioniert ähnlich wie Kauen und Schlucken. Wenn du isst, musst du den einen Bissen erst kauen und schlucken, bevor du dir den nächsten in den Mund steckst. Wenn du das Gute anerkennst, kaust und schluckst du den wundervollen Bissen, den du gerade erhalten hast, bevor du für den nächsten bereit bist. Ohne Kauen und Schlucken gibt es keinen nächsten Bissen – dein Mund hat nur ein begrenztes Fassungsvermögen. Da Lucy das Gute bei ihrem Mann und sich selbst nicht anerkennen konnte, konnte sie nichts mehr von dem aufnehmen, was er ihr zu bieten hatte. Ihre Beziehung wurde immer schlechter, bis sie sich schließlich trennten. Lucy wird die göttliche Kunst, sich zu bedanken, noch oft üben müssen, wenn sie in Beziehungen jemals mehr will.

Weil es so notwendig ist, sich zu bedanken, bin ich heute die reinste Dankmaschine. Ich bedanke mich für alles – für das Essen auf meinem Tisch, meine Gesundheit, meine Familie, meine Freunde und mein Leben. Wenn du beginnst, deine eigene Fülle zu bemerken, wächst sie. Das Geschenk des Lebens ist überwältigend wundervoll. Wir alle haben so viel, wofür wir dankbar sein können. Dankbarkeit ist ein fantastisches und notwendiges Werkzeug im Handwerkskasten einer göttlichen Schwester. Vergiss nicht, es regelmäßig zu benutzen.

Du kennst doch sicher den Satz, »Es ist nicht leicht, Prinzessin zu sein«. Nun, vielleicht bekommst du bei dem Übungsplan und diesem ganzen Druck, Danke zu sagen, langsam auch das Gefühl, dass es nicht leicht ist? Wenn ja, kann ich dir nur zustimmen. Es erfordert viel mehr Verantwortung, dein Leben zu genießen, als sich darüber zu beklagen. Es erfordert viel mehr Verantwortung, mit deinem Vergnügen umzugehen, als böse auf andere Leute zu sein, weil du deinen Anteil nicht bekommst. Es erfordert wesentlich mehr Verantwortung, deine Wünsche zu erforschen, als anderen vorzuwerfen, dass deine Träume nicht in Erfüllung gegangen sind.

Du kannst nicht scheitern, solange du deine inneren Wünsche verfolgst. Versagen wirst du nur, wenn du dich mit Kompromissen und Mittelmäßigkeit zufriedengibst. Man bringt uns bei, Dinge für Geld zu tun anstatt aus Liebe. Egal ob du als Anwältin, Steuerberaterin oder Sekretärin deinen Lebensunterhalt verdienst – dein Beruf macht weder die Welt zu einem besseren Ort noch dich zu einem glücklicheren Menschen. Das geschieht nur, wenn du dabei wirklich deine Träume lebst. In dieser Welt gibt es grenzenlose Möglichkeiten – geh hinaus und lebe deine Vision von Glück und Erfolg! Denn wenn du das tust, was du willst, bekommst du auch, was du willst. Hier sind ein paar Übungen, die dir auf deinem Weg zu den wahren Wünschen in deinem Herzen helfen werden.

ÜBUNG · *schwelge in deinen Träumen*

Erfreue dich an den Wünschen, die du hast. Korrigiere sie nicht oder sage: »Ich liebe dieses Kleid, aber ich kann es mir nicht leisten.« Liebe einfach, was du liebst, begehre, was du begehrst. Geh in Läden zum Shoppen, in denen du dich an deinen Träumen erfreuen kannst. Probiere Pelzmäntel in einem Pelzladen an. Wenn du dich über deine Wünschen freust, wachsen sie. Vielleicht gehen deine Wünsche auch in eine andere Richtung. Die göttliche Schwester Stephanie kam nach New York, weil sie Theater liebte. Da sie es toll fand, hinter den Kulissen zu sein, nahm sie jeden Theaterjob an, den sie angeboten bekam. Sechs Monate später hatte sie ihren ersten bezahlten Job als Bühnenmanagerin, weil sie sich erlaubt hatte, dem nachzugehen, was sie liebt.

Eine wahre göttliche Schwester kann ihre Welt erweitern, indem sie sich auf das fokussiert, was sie will, und dankbar ist für das, was sie hat. Das Ziel, auf das wir als göttliche Schwestern hinarbeiten, ist unsere Fähigkeit, dem Universum die Gelegenheit zu geben, unsere Wünsche zu erfüllen, anstatt uns durch unseren finanziellen Status zu beschränken. Wenn du dich selbst wie die Königin behandelst, die du werden willst, kultivierst du Zufriedenheil mil dem, was du hast, während du dir zugleich die Möglichkeit vorstellst, deine Ziele zu erreichen. Das ist der Weg der göttlichen Schwester.

Das Buch der Wünsche

Nimm ein leeres Skizzenbuch und einen Stapel Zeitschriften. Blättere die Magazine durch und schneide Fotos von all den tollen Dingen aus, die du gerne hättest, allen Erfahrungen, die du gerne machen würdest. Klebe die Bilder in dein Skizzenbuch. Wenn du fertig bist, hast du einen ganzen Katalog deiner Wünsche. Es macht echt Spaß, dieses Buch zusammen mit Freundinnen durchzublättern! Sei tapfer! Wenn du Hilfe brauchst, lies dir die Gesetze des Wünschens in *Das Lebensspiel und wie man es spielt* von Florence Scovel Shinn durch. Genieße dieses wundervolle Buch!

ÜBUNG *Verbessere dein Karma – gib, um zu bekommen*

Tu anonym Gutes. Leiste wohltätige Arbeit. Wenn du anderen gibst, weißt du mehr zu schätzen, was du bereits alles hast. Gutes erzeugt Gutes. Identifiziere und verfolge deine Träume voller Leidenschaft und lass dich überraschen, wie viel Reichtum zu dir kommt.

ÜBUNG *Video-Suggestion*

Little Princess, Regie Alfonso Cuarón. Lass dich davon inspirieren, wie dieses junge Mädchen seine Wünsche nutzt, um wundervolle Dinge für seine Freunde und Familie heraufzubeschwören. Sie hat keine Zweifel! Trotz vieler Hindernisse hält sie an ihren Träumen fest. Lass dich von ihr inspirieren.

Nun, Mama hat euch alles gegeben. Ihr, meine göttlichen Novizinnen, seid nun im Besitz des Schlüssels zum Reich der Königin. Der Wegweiser zu Ekstase ist ausgerichtet. Die Frage ist nur: Willst du den Sprung wagen?

LEKTION 10

Der Leitfaden für die göttliche Schwester

Muschi, Muschi, sie ist meine Königin.
Sie führt mich zu meinem Traum.
URALTES FRAUEN-MANTRA
EINER GÖTTLICHEN SCHWESTER

Es wird wohl immer noch eine Handvoll Frauen geben, die mit diesem Buch nichts anfangen können. »Das ist alles schön und gut«, werden sie sagen, »aber jetzt muss ich mich wieder an die Arbeit machen.« Mama Gena hat eine besondere Schwäche für euch. Da sie selbst eine harte Nuss ist, weiß sie: Je härter die Nuss, desto süßer der Kern. Also, meine Süßen, dieses Kapitel ist für euch.

Wir sind alle eingefahren in unserem Alltagstrott, wir hängen an kleinen Routinen und Ritualen. Ich habe zum Beispiel eine derart spezielle Art, morgens meinen Kaffee zuzubereiten, dass ich ihn in einer Thermosflasche mitnehmen muss, wenn ich zum Brunch in mein Lieblingslokal gehe. Zum Glück tolerieren die Mitarbeiter das. Sie wissen, dass ich ihren Kaffee hasse. Meine verrückte Methode schützt mich vor Kaffee, den ich nicht mag, aber auf diese Art und Weise kann ich natürlich auch nie Kaffee trinken, den ich möglicherweise lieben würde. Ich begann meine Thermosflasche überallhin mitzuschleppen wie eine Schmusedecke. Und als ich mein heimisches Gebräu schließlich sogar in ein Café mitnahm, wusste ich, dass ich zu weit gegangen war. Ja, tatsächlich, ich nahm meine Thermosflasche mit an einen Ort, der auf Espresso, Cappuccino, eben die ganze Welt des Kaffees, spezialisiert ist. Und da saß ich nun mit meiner Schmusedecke. An diesem Punkt steckte ich die Schmusedecke wieder in meinen Rucksack und bestellte einen Café au lait. Er kam in einem wunderbaren großen Glas, mit einer dicken Schicht Milchschaum. Ah … Und genau das erwarte ich von euch, Mädels! Legt eure Schmusedecken weg und greift nach dem Glas!

Eure Schmusedecken sind eure alten, logischen Konditionierungen. Ihr schüttelt den Kopf, rümpft verächtlich die Nase und sagt euch: »Oh nein … *das* würde ich nie tun. Das ist einfach nicht akzeptabel!« Dein »Nie« kann sich darauf beziehen, dass du dich selbst befriedigst, dass du deine Muschi betrachtest, dass du dir einen Liebesbrief schreibst, dass du nackt tanzt, dass du einen Mann um etwas bittest, was du dir wünschst. Das weiß der Himmel … Aber ich sage dir – die Dinge in diesem Buch, denen du am meisten Widerstand entgegensetzt, sind die Dinge, die dir wirklich guttun.

Wenn ich ein Warnschild auf dem Highway der weiblichen Künste aufstellen müsste, würde es lauten: »Schlittenfahren verboten!« Wenn du Schlitten fährst, gibt es nämlich nur eine Richtung: nach unten. Was ich damit meine, ist Folgendes: Wenn du denkst, du seist automatisch und für immer eine göttliche Schwester, nur weil du dieses Buch gelesen hast, dann sitzt du auf dem Schlitten ins Tal. Eine göttliche Schwester bist du nur so lange, wie du die Übungen der weiblichen Künste praktizierst, die dich in das Land der Göttin bringen – wie regelmäßige, ausgelassene Selbstbefriedigung; anderen Leuten, vor allem Männern, die Wahrheit sagen und nicht erwarten, dass sie deine Gedanken lesen können; das Gute, das dir widerfährt, zu schätzen, und den Ort, an dem du bist, als fantastisch anzusehen, ganz egal, ob du Höheres anstrebst.

Wir wollen uns mal anschauen, was einer göttlichen Schwester passiert ist, die die Übungen nur noch nachlässig absolviert hat. Ich kann dir sagen, das ist keine schöne Geschichte. Zu Anfang war Elizabeth eine vorbildliche Göttin, aber dann vergaß sie, ihren Plan einzuhalten, und lernte keine Männer mehr kennen. Als sie in den Kurs kam, begann sie sich zu verwöhnen, sich Luxus zu gönnen und überhaupt Spaß zu haben. Zahlreiche Männer tauchten auf, gingen mit ihr aus, luden sie ein, was auch immer. Sie war überwältigt. Und sie machte brav ihre Übungen.

Nachdem sie sich mit zahlreichen Männern getroffen hatte, entschied sie sich für einen süßen Typen namens Philip. Eine Zeit lang behielt sie ihre göttlichen Standards bei, und alles entwickelte sich nett. Natürlich traf sich Elizabeth auch mit anderen Männern, ging weiter mit ihren Freundinnen aus und behandelte sich selbst gut.

Nach ungefähr vier Monaten ersetzte Elizabeth jedoch ihre Beziehung mit der Göttin durch ihre Beziehung mit dem Mann. Er wurde ihr Gott. Sie tat, was er wollte, ging, wohin er wollte, aß, was er gerne mochte. Die göttliche Schwester Elizabeth war so darauf bedacht, die Beziehung zu Philip zu erhalten, dass sie ihre eigene Lust vergaß.

Was passierte? Elizabeth interessierte sich nicht mehr für die Beziehung und begann Philip zu hassen, obwohl sie ihn doch eigentlich liebte. Warum passierte das? Die göttliche Schwester Elizabeth vergaß, ihre innere Flamme zu nähren. Sie erlaubte sich, auf Autopilot umzuschalten, anstatt sich bewusst dafür zu entscheiden, ihre weiblichen Künste zu üben.

Natürlich trennte sich Elizabeth von Philip und machte eine wirklich traurige Phase durch – bis ihr wieder einfiel, dass sie sich vor gar nicht so langer Zeit echt gut gefühlt hatte. Also machte sie sich erneut auf den Weg zu diesem Wohlfühl-Ort –

ihre Lektionen in den weiblichen Künsten. Heute gelobt die göttliche Schwester Elizabeth, sie nie wieder zu vergessen.

Wie Elizabeth hast du vielleicht auch bemerkt, dass das Leben ohne die weiblichen Künste des Spaßes, der Schönheit und des Flirtens kein Ponyhof ist. Wenn du dein eigenes Vergnügen nicht zur obersten Priorität machst, dann lebst du als ewiges Opfer, du lebst im Stillstand.

Aber du hast vielleicht auch gemerkt, dass man sich ein vergnügliches Leben erarbeiten muss. Die weiblichen Künste zu üben erfordert rigorose, innere Disziplin, die dich aber über die Maßen für deine Mühen, die du in dich und deine Wünsche steckst, belohnt. Du kannst nicht erwarten, ohne Training einen fabelhaften Körper zu haben. Ebenso wenig kannst du erwarten, deine magische, göttliche Seite freizulegen, ohne dir sorgfältig und stetig Freude zu bereiten.

Lust kann ebenso süchtig machen wie Mittelmäßigkeit, Kompromiss und Zweifel. Aber es ist natürlich schwieriger, regelmäßig ins Sportstudio zu gehen, als in die Tüte mit den Süßigkeiten zu greifen. Deine Konditionierung ist so stark, dass sie dich vielleicht wieder in deine früheren Verhaltensweisen zurückfallen lässt, wenn du zum Beispiel denkst: »Ach, komm, iss die Tüte Chips, vergiss den Orgasmus.«

Es gibt also definitiv Zeiten, in denen du stark sein musst. Als göttliche Schwester solltest du sagen: »Ich bin für mich selbst und die Welt mehr wert, wenn ich befriedigt bin. Du solltest dir die Zeit nehmen, dich zu verwöhnen – ganz egal, welche Hindernisse sich dir in den Weg stellen. Wenn du dich deinem Vergnügen widmest, wirst du reich belohnt werden. Denk darüber nach. Wenn du heute auf dein Leben zurückblickst, dann war dein denkwürdigster Moment sicher nicht der, in dem du zu viel gegessen, zu hart gearbeitet oder dich selbst verleugnet hast. Wenn du wie ich bist, sind deine schönsten Erinnerungen Küsse und andere sinnliche Erfahrungen, exquisites Essen mit Freunden, Reisen an exotische Orte, leidenschaftliche Flirts, der Duft des Körpers deines Geliebten und die überwältigende Schönheit des Ozeans in der Morgendämmerung. All die Risiken und Belohnungen der Lust.

Glaube es mir, die Risiken lohnen sich. Glaubst du, ich *wollte* zu Beginn meiner Reise Pussy Central, USA, leiten? Glaubst du, ich *wollte,* dass es in meinem Job um die sinnliche Entfaltung von Frauen geht? Glaubst du nicht auch, ich wünschte, es ginge um etwas gesellschaftlich viel, viel Akzeptableres? Glaube mir, ich habe alles Mögliche versucht, aber diese Sache mit den weiblichen Künsten hat mein Leben verändert.

Manchmal ist es extrem schwierig, wenn nicht sogar unmöglich, das zu erreichen, was du willst. Du klammerst dich so fest an deine Schmusedecke, dass du den Kellner nicht siehst, der mit dem Tablett voller Café au lait herumgeht. In solchen Fällen erweist sich das Netzwerk der göttlichen Schwestern als unschätzbar wertvoll. Gründe deine eigene Frauengruppe, in der alle nur das Beste füreinander wollen, in der alle möglichst viel Spaß in ihrem Leben und dem ihrer göttlichen Schwestern haben wollen. So, meine Lieben, sieht der wirkliche »neue Feminismus« aus.

Bevor wir auseinandergehen, möchte ich dich noch einmal an die wesentlichen Punkte in unserem Training der weiblichen Künste erinnern. Das Wissen und die Weisheit, die hier am Ende des Buches noch einmal in konzentrierter Form zusammengefasst sind, könnte dir helfen, wenn du zeitweilig nicht weiterweißt.

Ich hoffe, du hast dieses Buch immer zur Hand, und wenn du das Gefühl hast, dein Instinkt für Vergnügen könnte vom zersetzenden Einfluss des Patriarchats, das dich umgibt, zerstört werden, dann schlag rasch in diesem Kapitel nach und belebe deine Göttin und ihr inneres Wissen aufs Neue. Aber natürlich darfst du nicht nur in solchen Situationen von dieser Zusammenfassung der weiblichen Künste profitieren. Du kannst jederzeit in diesem Buch lesen, um dein Glück lebendig, stark und strahlend zu erhalten.

Die weiblichen Künste – Kurzfassung

Schenk dir mindestens einmal in der Woche Vergnügen. Das kann alles sein, was dir Spaß macht: eine Massage, eine Maniküre, ein Bad oder eine Dusche mit Kerzen, eine Stunde, in der du dich ohne Unterbrechung deinen Füßen oder einem Stapel Zeitschriften widmest.

Ehre deinen Körper mit Ritualen

- ☀ Prahle wenigstens einmal am Tag mit dir.
- ☀ Mach keine Kompromisse. Dein Ziel ist immer, zu bekommen, was du willst.
- ☀ Investiere in dich. Lies ein gutes Buch, trainiere, mach einen Spaziergang.
- ☀ Erlebe sinnliche Lust. Denk daran: »Du musst Lust kennen, um sie geben zu können.«
- ☀ Erstelle eine detaillierte Wunschliste. Führe sie ständig fort. Achte darauf, wie sie sich verändert, während du deine weiblichen Künste anwendest.
- ☀ Pflege dein Netzwerk der göttlichen Schwestern.
- ☀ Schätze und bedanke dich für alles, was du hast.

Noch ein letztes Wort von unserer Sponsorin. Ich glaube, wenn sie etwas zu sagen hätte und ihre Botschaft in Worte gefasst werden könnte, dann würde unsere Muschi sagen:

»Ich könnte dich rasend machen vor Lust, wenn du mich wirklich, wirklich gut pflegst.«

Das ist doch kein schlechtes Angebot, Mädels! Eigentlich ist es sogar das beste Angebot, das ihr je bekommen habt. Und außerdem, was habt ihr zu verlieren?

Alles Liebe,
Mama

Aus dem Herzen leben –
Mit dem Herzen denken

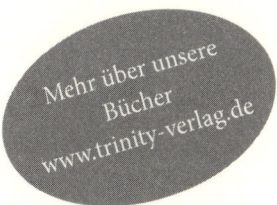

Taschenbuch, 312 Seiten
ISBN 978-3-95550-100-6

Schon die chinesischen Mystiker beschrieben das Herz als den
Sitz der Seele. Denn je mehr wir aus dem Herzen leben, desto
näher sind wir unserem Wesenskern und unserem höheren
Selbst. Stefanie Menzel zeigt, wie wir unsere Herzensenergie entdecken und aktivieren können. Wirksame Meditationen und
heilenergetische Übungen bringen uns wieder in Kontakt mit
der Kraft der Mitte und ebnen den Weg für ein schöpferisches,
befreites Leben.